A さんの頭上に輝く光の玉 /
北口本宮冨士浅間神社（第7章）
＜撮影：松山拓也＞

秋葉山本宮・秋葉神社の鳥居前に
立つ著者　＜撮影：米倉裕貴＞

戸隠神社・宝光社の神々しい鳥居（第3章）

神様に歓迎されているサイン／
二俣諏訪神社（第3章）

両腕を広げる龍雲（第3章）

琵琶湖の中に鳥居が立つ白鬚神社（第3章）

参拝時に誰もいなかった
伊勢神宮・内宮の参道（第7章）

伊勢神宮・内宮の正宮（第7章）

ライダーが見つけた！
幸せの最強ツール

神社センサー

神社ライダー
髙林広明

みらい PUBLISHING

はじめに

「神社には、なんらかの目には見えないエネルギーがある……」

そう感じたことがありませんか？

「なんとなく感じたことがある」「神社に行くと、モヤモヤした気持ちがスッキリした」という方が多いのではないでしょうか。

しかし、「なんとなく」という感覚はあってもどうしてそう感じるのか、その理由はわからないですよね。

この本は、いままで「なんとなく」だったことを「あー、そういうことだったのか」という納得に変えていただけるように書きました。

メインテーマは、「神社の神様が発しているエネルギーの感じ取り方」です。

神様のエネルギーは神社で吹く風に乗って流れています。時には、あなたのためだけに吹く風もあります。その風を感じ取り、流れにうまく乗るためには、「ある感知機能」のスイッチをオンにする必要があるのです。

はじめに

オートバイに乗り始めて三十八年を過ぎたある日、私は不思議な感知機能に気づきました。視覚・聴覚・嗅《きゅう》覚《かく》・味覚・触覚という五つの情報を捉えるセンサーが一つに溶け合い、未知なる六番目のセンサーの回路とつながったのです。

最初のうちは何を感知しているのかわからなかったのですが、全国の神社で検証したところ、そのセンサーは、自分が行くべき神社が発している電波のようなエネルギーを感知していることがわかりました。

私は、その**不思議な感知機能を「神社センサー」と呼ぶ**ことにしました。

この神社センサーが反応するようになってからというもの、私の日常はオートバイで神社を巡ることを中心に回っていくようになりました。気づいてみたら、五年間で約八〇〇社の神社を参拝していたのです。

その体験でわかったことは、**神社の神様が発しているエネルギーを感知する能力は誰にでも備わっている、**ということです。

この本では、神社センサーの機能を目覚めさせる方法を紹介しています。もちろん、**オートバイに乗らない人でも活用できる方法です。**

神社センサーに気づく以前の私は、合理的で根拠がないことは信じない現実主義者でした。日常生活や仕事でトラブルが発生しても、神頼みなんて考えたこともなく、自力でなんとかしようと悪戦苦闘するだけでした。

ところが、人には目に見えないエネルギーを感じ取れる能力がもともと備わっていることに気づいたいま、**「目に見えない現象や存在は、科学的に解明されていないから認められない」という思い込みこそ現実的ではない**と考えるようになりました。

神様は目に見えないにも関わらず、多くの人がその存在を信じています。だから、あなたも神社へ行くのではないでしょうか？

一方、有名な神社に行けばご利益《りやく》をいただけるというのは本当でしょうか？　そうではないことを、あなたもうすうす感じているのではないかと思います。

私はこの本を通じて、神社へ行く目的を改めてあなたに提案したいと思います。

神社の神様からのご利益をいただくためには、神様が「こっちだよ」と教えてくれているあなたが行くべき神社を見つけなくてはなりません。

神社センサーを使えば、あなたとのご縁が深い神社が見つかり、その神社の神様とつながれば人生は好転していきます。さまざまなリスクを回避できるだけでなく、良縁を得て悪縁を断つことができます。さらに、あなたの状況の変化に伴って新たな問

はじめに

題や悩みが発生したときには、それを解決するために行くべき神社がわかるようになります。

将来への漠然とした不安を感じやすい社会に生きるいまこそ、いつも神様に守られ導かれていると実感できる日々を過ごしていただきたいと願っています。

神社の神様は、あなたが来るのを待っています。風に乗って流れている神様のエネルギーがあなたへサインを送ってくれます。

そのサインに気づくために、本書が役に立つことを、心より祈念しています。

神社ライター　髙林広明

目次

目次

第2章　神社センサー発動のトリガーとなる産土《うぶすな》神社と鎮守神社

第3章　神社参拝で体感した神様のエネルギー

目次

第8章 仕事や日常生活でも神社センサーを活用しよう！

第1章
神社センサー発動の兆し

頭の中で豆電球が点滅！　ついに精神が病んでしまったのか？

最初に神社センサーが反応したのは、二〇一五年の五月にオートバイに乗っていたときでした。

チカッチカッ、チカッチカッ……。えっ、何か頭の中で光った⁉　どうしたのだろう……いったい何が起こっているんだ⁉

オートバイでの走行中に、頭の中で小さな光が点滅するような感覚に気づいたのは初めてです。一瞬何かがひらめいたり思い出したりするときと似たような感覚なのですが、ひらめいたり思い出したりすることは何もありません。自分の脳の真ん中あたりに埋まっている豆電球に微弱な電気が一瞬流れて、チカチカと点滅しているような感じです。

しばらくは豆電球が点滅しても気にしないで走っていましたが、その症状がいつまでもなくならないので、豆電球が点滅したときにオートバイを停めて周囲の様子を確認してみることにしました。

すると、そこには共通することがあったのです。それは神社の鳥居や杜《もり》（神社の境《けい》内《だい》にある木々）が必ず視界に入ることでした。不思議に思いましたが、神社に興味はなかったので参拝することもなく、視界に入るものを確認していただけでした。

その確認を繰り返していて気づいたことは、すべての神社の近くで豆電球が点滅するわけではなく、特定の場所にある神社の近くにきたときだけ反応があったことでした。

「特定の神社だけが、電波みたいなものを発信しているのだろうか？」

「まさか、神社にそんな発信装置があるはずがない！　ついに精神が病んでしまったのか？」

「きっと、疲れているんだ。ストレスによる幻聴や幻覚の一種なんだ！」

頭の中が「？」マークで溢れてきた自分を落ち着かせようとして、必死に語りかけていました。

仮面ライダーに憧れた少年が神社ライダーになるまで

私が小学校へ通っていた一九七〇年代は、「右へならえ」の時代であり、先生の指示に対して納得できなくても逆らうことは許されず、従うのが当たり前という風潮でした。

そんな時代にも関わらず私は、「先生に言われたからやる」「みんながやっているからやる」ということができない子どもでした。

たとえば、体育の授業での持久走のタイム測定への参加を拒否！「走るのは嫌だ」「わき腹が痛くなる」と思いながらも、なぜみんな参加するのだろうか？どう考えても苦しんで走る理由が見つからなかったのです。そして、授業中はやることがなかったので、学校にあった池の鯉をずっと眺めていました。

「学校って窮屈だな……もっと自由にいろんな世界を見てみたいな」と鯉に語りかけていました。

そんな小学校時代、テレビでは初代の「仮面ライダー」が放映されていました。オートバイに乗って悪を倒す姿を見ていると、もやもやしていた心が晴れ渡っていくように感じました。

「仮面ライダーのようにオートバイで自由に走りたい！」

私は自転車のペダルを全速力でこぎながら、そう叫びました。

将来オートバイに乗ることは、このとき決まったのです。

十八歳で小さな原付バイクに乗り始めてから、私のかたわらにはいつもオートバイがありました。

嫌なことがあってもオートバイとともに風の中を走れば洗い流されていきました。

そして、オートバイ乗車歴が三十八年を過ぎた頃、神社の神様が発しているエネルギーを感じてしまうという理解しがたい体験をしたのです。

「神社センサー」と名づけた新たな感知機能を検証するため、約八〇〇社の神社をオートバイで参拝することになりました。

オートバイでの旅を続けているうちに、**「神社ライダー」**という言葉が浮かんできました。

仮面ライダーに憧れていた少年は、神社の神様とのご縁の結び方と、そのご加護を活用する方法の追求を人生使命とする「神社ライダー」になったのです。

人生激変！　神社センサーによるありがたいメリットとは

約八〇〇社の神社参拝で気づいたことをお伝えする前に、私が神社センサーの機能を使うことによって、人生における価値観やふだんの生活がどのように変化したのか、そのメリットはなんだったのかについて紹介しておきたいと思います。

メリット１　神様に守られていると感じることによる精神的な安定

「なんか最近、雰囲気変わったね」といわれることが増えました。そうなんです。自分でもわかるくらい変わりました。

私は大道芸人を全国のイベント会場へ派遣するイベント会社を経営していますが、長年効率と成果を重視してきたため、周りの人に計算高い冷徹な人間という印象を与えていました。いわゆる「嫌な奴」なのですが、そう思われることで煩《わずら》わしい人間関係を減らせて、仕事の効率化には役に立つとさえ考えていました。

ところが、神社センサーによって神様のエネルギーを感じ、そのご加護をいただいているとわかったことで、価値観はガラっと変わってしまったのです。

「いままでお付き合いしていただいた皆さん、本当にごめんなさい。あなた方は、じつに寛容で優しかった！」と謝り、感謝しなくてはなりません。自分一人の力でできていたことなんて何もない。運が良いとしか思えない人との出会い、タイミング良く入ってくる情報、そのすべてがご縁をいただいた神様と人によってもたらされていたのだと気づきました。

日々の時間の使い方も効率重視ではなく、肩の力が抜けてホッとする時間を大切にするようになりました。

人との付き合い方も変わり、損得ではなく、感謝を忘れずにいかに相手に貢献していけるかを考えるようになりました。

このような気づきによる価値観の変化は性格を変え、顔つきを含む雰囲気にも影響を与えます。その結果、周りに集まる人も変わり、多くの助言や支援をいただけるようになりました。一人でいくらがんばっても限界があるのです。お互い苦手な部分を補い合うために得意なことを提供することで、ストレスやプレッシャーの少ない生活が送れます。それは精神的な安定にもつながり、結果的に健康を維持できるのです。

メリット2　困っていること、悩んでいることへの解決につながるひらめきが増えます

「あっ、上からなんか降ってきた！」という感じのひらめきが増えました。

どっちにしようか悩むとき、多方面から情報を集めて分析していたため、結論が出るまでに時間がかかっていたのですが、ひらめきを信じて短時間で判断できるようになりました。

悩んでいる時間が短いので、その後の行動も速くなります。途中で軌道修正が必要な場合でも、新たなひらめきによって迷わずにスピーディーに対応できます。

たとえば、この仕事は順調に進めていけるのかな？　↓ＮＯ！　いままでとは違う方法で進めたほうがうまくいくかな？　↓ＹＥＳ！　その方法とは何かな？　↓こういう方法があるよ！

こんな感じで、自分の中でのひらめきを通じて問題が解決していくのでとても助かります。

神社センサーはいまのあなたに必要な神様のエネルギーを感知するので、その神様とのご縁がつながれば、的確なアドバイスをひらめきとして感じ取ることができます。ひとりで判断しなくてはならないことが多い経営者にとっても、このようなご加護をいただけることはとても心強く感じます。

「大道芸人への出演依頼が少なくて暇だなぁ」と感じていたある日のひらめきは、「伝統和芸は神社で奉納すると神様も喜ぶ！」という内容でした。伝統和芸とは獅子舞や太神楽《だいかぐら》（傘回しなどの曲芸）を意味していますが、それなら私の会社で手配できる！と思い、早速神社へのPRを始めました。

そのPRはありがたいことに効果が出て、宮司《ぐうじ》さんの口コミでも広がり、いままではお寺からも依頼がくるようになりました。また、伝統和芸の芸人手配をきっかけに参拝することになった神社もありました。幸運が次の幸運を呼んでくるという連鎖的なご利益をいただけたのです。

メリット3　願いを実現するために必要な人と出会い、支援やアドバイスを受けられます

神社センサーは、いまの自分の悩みや課題を解決することが得意な神様がいらっしゃる神社を教えてくれます。その神様とのご縁をつなぐことで、「それなら……ほら、この人に助けてもらいなさい！」という感じで、偶然を装いながらもキーパーソンとの出会いを授けてくれます。

私は神社センサーの反応の仕組みがわかってきた頃、「この情報を自分だけのものにしておくのはもったいない。多くの人に伝わって役に立つといいな」と思うように

なりました。同時期に神社センサーが反応して参拝していた神社には、チャレンジ精神旺盛な神様と言葉に力を宿し、伝えることが得意な神様が祀られていました。

まもなくして、定期的に会って神社の情報交換をしていた友人へ「最近こんな不思議なことがあってね……」と話していたとき、友人が「それだけの情報があれば、本になるんじゃないの！」といってくれたのです。そして、その友人は、私にはまったく縁がなかった出版業界で活躍している知人を紹介してくれました。このように**神様はこっそりアシストするのが好きらしく、間接的に人を介して導いてくれます。**

なお、本の出版までにはさまざまな課題をクリアしていく必要があり、時間がかかるのですが、その取り組みが始まってまもなく新型コロナウイルス感染症が社会を襲いました。

そして、私が関わっているイベント業界はまさに撃沈したのです。さらに、新型コロナウイルスの流行が収束してきたとしても、いままでのようなやり方でのイベント開催は難しいことが予想されます。イベント会社としては業務内容を見直さなくてはならない上に、自分の日常生活も変革を求められる状況に追い込まれたのです。

しかし、なんという神がかりな流れなのでしょう！　このようなタイミングに合わせるかのように本の執筆が始まり、私は新たな使命を見つけることができました。しかも、忙しかったイベント業務が減ったことで、神社参拝や執筆のための時間はたっぷりできたのです。

メリット4 感知能力の向上によって事故回避などの幸運な出来事が増えます

五感での周辺情報の感知能力が鋭敏になったため、リスク回避能力が高くなりました。オートバイや車で走るときには感知する情報が増えただけでなく、感知するスピードも速くなりました。いまでは、信号が変わりそうなときにスピードを上げて交差点へ入っていくような走り方は怖くてできません。

余談ですが、私の車にはスピード違反の取締り場所を感知するレーダー探知機が取り付けてあります。とはいえ、警察のスピード測定機も機能が進化しているため、買ってから年数が過ぎた私の車のレーダー探知機では取締まり場所に近づいても反応しないことが多くなります。

神社センサーの機能に気づいてからは走り方が変わり、レーダー探知機も無用の長物になっていますが、ある日、神社センサーで警察の取締まり場所を感知したことがありました。

神社の神様の良きエネルギーを感知するときとは異なり、行かないほうがいい場所に近づくと不穏な空気感を察知するのです。
そのときは車で走っていたのですが、いつも通る道に近づくにつれて「こっちの道は走りたくないなぁ」という感覚が強まり、平行している裏道を走ることにしました。その裏道からいつもの道へ再び合流するときに、大きな旗を持って隠れている警察官が見えました。スピード違反をした車をその旗で止めて呼び込む場所です。つまり、いつも通る道ではスピード違反の取締まりをしていたのです。

神社センサーはさまざまなリスクにも反応することは体験していましたが、警察の取締まりのような大きなリスクとはいえない道路上の違和感も感知するなんて凄いな！と思いました。もう、車のレーダー探知機は捨ててもいいですね。

以上、私が得られたメリットですが、何もしないでお金が入ってくるようなご利益はないようです。神様から直接ご利益をいただき、すぐに助けてもらえるというよりも、いまの考え方や行動を変えるきっかけがもたらされたり、いま必要な助言をしてくれる人と出会ったりすることが多いのです。だからこそ、神社センサーによって気づいたことは迅速に行動に移すことが重要です。その行動によってこそ、ご利益をいただけるのです。

神様は得意分野においてバックアップしてくれる

ご利益については皆さん関心があると思いますので、さらに具体的に説明しましょう。

そのポイントは、神社センサーが反応して見つけた**神社に祀《まつ》られている神様の得意分野のバックアップが受けられる**ということです。それも、いままさにあなたが必要としている分野でのバックアップとなります。

つまり、いま何か困っていたり悩んでいたりするときに、それを解決に導くことが得意な神様が祀られている神社に対して、神社センサーが反応するということです。

あなたの状況は日々変化しているはずなので、いつも見守ってくれている神社とは別に、神社センサーが反応する新たな神社も追加されていくのです。

神社センサーが反応した神社の神様の得意分野については、境内にある御由緒書《ごゆいしょがき》に記されている御神徳《ごしんとく》でもわかりますが、『古事記』などの神話を読めばより具体的な特性もわかります。

たとえば、「天《あま》の岩戸開き」という神話において天手力男命《あめのたぢからおのみこと》という神様は、天照《あまてらす》大御神《おおみかみ》が隠れていた洞窟の岩戸をその怪力で投げ飛ばしたことで有名です。このことから、スポーツ全般に関わる人に対してご利益があるとされています。

この神話をもう少し掘り下げてみると、天照大御神が隠れたことで暗闇に覆われた世界に再び光を取り戻したときの大役を担う神様であり、大きな障害物を勢いよく取り除く力があると解釈できます。あなたの前に太刀打ちできそうもない大きな壁のような問題があるとしたら、この神様のバックアップをいただくことで解決につながるかもしれません。それも徐々に解決するのではなく、一気に闇が光に変わるようにスピーディーな解決が期待できます。

また、高天原《たかあまはら》という場所に住んでいる神々が地上へ降りてくる天孫降臨《てんそんこうりん》のときに神々の道案内をした猿田彦命《さるたひこのみこと》は、道開きの神様とされています。この神様は人生においてどちらの道を選ぶべきか迷っているときや新たな物事に取り組むときの導きが得意です。ご縁がつながると、「いまならこっちのほうがいいよ」と教えてくれるありがたい神様なのです。

ほかにもそれぞれの神様の得意分野において、いまのあなたの状況をより良くするための御力をお借りできるわけですが、ここで終わりではありません。

神社センサーが反応した新たな神社を参拝していると、神様があなたの将来を見越して、次に行くべき神社に気づくためのヒントもくれます。

「いまのあなたに必要なバックアップをしてくれるのはこの神様だけど、次に必要になるバックアップをしてくれるのはこっちの神様だよ」と気づかせるために神社センサーが反応するのです。

一例としては、参拝した神社に複数の神様が祀られていて、そのうちの一柱《ひとはしら》（柱は神様を数えるときの単位）の神様の名前がどうしても頭から離れなくなります。そして、その神様が祀られているほかの場所にある神社へと導かれることがあります。

この流れにうまく乗ることで、大きなトラブルや事故が起きる前にそれを避けるためのご加護をいただける神社を参拝することができます。

また、人間関係での悩みがこれから増えてきそうなときは、悪縁を避けて良縁をいただけるご利益のある神社を教えてくれるのです。

このように、神社センサーの機能はあなたにとって強力な「お守り」となります。

神社センサーをフル活用して、いま、そして、将来必要となるご利益をいただきましょう。

神社センサーはどんなときに反応するのか？

神社センサーの機能を使うことでこんなにメリットがあるなら、早く使える方法を知りたい！　そうですね。はやる気持ちはわかりますが、順を追って理解しやすいように、まずは神社センサーの仕組みから解説していきましょう。

あなたは車やバスや電車に乗っているときに、ふと気になって横を向くとそこに神社があったという経験はありますか？　滅多にないことですよね。私の場合は、それが頻繁に起こるようになったのです。

この章の最初にオートバイでの走行中、突然頭の中で豆電球が点滅したとお伝えしましたが、当初その現象はオートバイに乗っているときだけでした。やがて、バスや新幹線に乗っているときもチカチカと豆電球が点滅して、振り向くと神社があるという状況になったのです。とくに新幹線は速度が速いので、豆電球が点滅したときにすぐ窓の外を見て「あっ、神社だ！」と気づき、見えなくなるまでほんの数秒のことです。「新幹線の中で本を読んでいる→チカチカと豆電球が点滅→窓の外を見ると神社→コワッ！」という感じです。こんな偶然ってあるのかな?という戸惑いを隠せません。この数秒しか見えない神社に気づくという体験もたびたび起きたのです。

なぜ特定の神社に近づくと頭の中の豆電球が点滅して気づくのでしょうか？　この疑問に対する合理的な説明ができないものか、としばらく悩みました。仮説を立てて自分で納得してからでないと行動できない私は、実際にその神社へ行って調べる前に頭の中を整理しておきたかったのです。そして、導き出した仮説はこうなりました。

空間を飛び交っている見えない電波（電磁波）は種類が多く、それぞれに特定の周波数があります。ラジオの電波、スマートフォンを含む携帯電話の電波、放射線、紫外線など、種類ごとに発している周波数帯が異なります。

神社もそれぞれ違う周波数の電波を発していて、私が特定の神社の電波を感知したのだとしたら、その電波に反応するセンサーが必要です。そのセンサーはラジオ局の周波数にチューニングが合うと音楽が流れてくるラジオと同じように、特定の神社の電波とチューニングが合うと豆電球を点滅させると考えられます。

また、人の神経回路での情報伝達には体内で発生する微弱な電気信号が使われています。身体のあちこちを動かすときだけでなく、何かを考えたり感じたりしているときも電気信号が脳内の神経回路を駆け巡っているのです。たとえば、右手の親指を動かしたいという自分の意思は、電気信号になって指を動かす神経回路に流れるのです。

つまり、神社が発する電波とチューニングが合うことで脳内に電気信号が発生し、豆電球が点滅するような現象が起きたのかもしれません。

さらに、量子力学においては、人体の細胞を構成する原子を含むあらゆる物質は固有の周波数をもっていると多くの物理学者が提唱しています。もしも、人に個性があるように一人ひとりが固有の周波数の電波を発しているとしたら……。

ここまで考えてみて、「なんだかややこしい話になってきたなぁ」と感じていたときに、はたとひらめきました。

神社が一方的に電波を発しているのではなく、人も電波を発していて、双方向でチューニングが合ったときに神社センサーが反応するのではないかと。

神社の神様が、人が発している電波を感じ取り、「あっ、この人には私の力が役に立つ！」と思われたときに電波を発して教えてくれる。

特定の神社に近づいたときだけ頭の中の豆電球が点滅することも、これで説明がつきます。

さて、このような仮説を立ててみたものの謎は残ります。そもそも神社の中に祀られている神様が電波を発するようなエネルギーをもっているのかということと、双方向でチューニングが合う神社とは自分にとってどのようなご縁があるのかということです。

その答えを見つけるためには、実際に神社へ行って確かめる必要があります。こうして、約八〇〇社の神社を巡る旅が始まりました。八百万《やおよろず》の神々が宿るとされる日本においてはほんの一部の神社ではありますが、その参拝を通じて自分にご縁がある神社を見つける方法や神様からのご加護をいただく方法を確立することができたのです。

誰でも神社センサーのスイッチはオンにできる！

ここで、神社センサーの基本機能を整理しておきましょう。この機能を把握しておけば、次章以降の解説であなたが調べたり練習したりすることがなぜ必要なのか、納得しやすくなります。

神社センサーの基本機能

1. **あなたに必要なご加護をいただける神社の近くに行ったときに、一定の合図を送って教えてくれます。**

私は頭の中での豆電球の点滅でしたが、合図は人によって異なります。たとえば、鈴のような音が響くように感じたり、背骨がビリビリしてきたりするかもしれません。

2. **神社の境内でも、あなたが行くべき場所に近づくと一定の合図を送って教えてくれます。**

神社センサーが反応する場所は、神社の中心となる本殿とは限らず、同じ境内にある摂《せっ》社《しゃ》や末社《まっしゃ》と呼ばれる小さな社殿の場合もあります。なお、摂社には本殿の御祭神《ごさいじん》と血縁関係があるような縁の深い神様が祀られ、末社は血縁関係がない神様が祀られています。

3. **日常生活の中で行かないほうがいい場所、つき合わないほうがいい人に近づくと、一定の合図を送って教えてくれます。**

その合図は、前述の機能1、2のときとは異なり、不快感や違和感を伴う合図です。

以上の機能を要約すると、**あなたの近くにあるエネルギーがあなたにとって良いものか良くないものか気づきやすくなる**ということです。

さて、お待たせしました！　いよいよ神社センサーのスイッチをオンにする方法です。次章以降で詳細を解説しますので、ここでは要約した内容をお伝えします。

神社センサーのスイッチをオンにする方法

1. 神社参拝を通じて、五感を磨く練習をする。
2. 神社センサーを発動させるためのトリガー（きっかけ、引き金）として、あなたの神社センサーが反応しやすい神社を先に見つけ出し、神社センサーの反応とはどのような感覚なのか実体験する。そして、神社センサーが反応するときの基準となる感覚を知る。
3. 日常生活の中でも五感を磨く練習方法を実践する。

なお、オートバイライダーは、おもに危険回避のために五感を使っているので緊張感を伴いますが、神社参拝しながらの練習は、五感を使いながらもリラックスした状態でいられることが大きなメリットです。

一方、気になるのは、この感覚を磨く上で障害となりそうないまの社会環境です。パソコンやスマートフォンを使えば、インターネット上で簡単に膨大な情報を得ることができます。遠く離れた人々と会話しながら、顔や景色も見ることができます。天気は事前に予想され、雨雲レーダーの情報を見れば自分がいる場所はいつ雨が降り出し、いつ止むのかもわかります。

しかし、情報が簡単に得られることで、もともと人に備わっている感知能力といえる神社センサーの機能は、ますます衰えていってしまうのではないかと危惧しています。

また人類はいま、かつてないくらいさまざまな周波数帯の電波に囲まれて暮らしています。この見えない電波が人体にどのような影響を与えているのかわかりませんが、一番身近にあるスマートフォンの電波の影響は大きいと思います。

今後、さらに通信技術は進化し、より多くの情報を高速でやりとりできるようになります。それに伴い、電波の影響はより強くなると予想されるため、なるべく影響を受けにくい使い方を考えなくてはなりません。

私は神社の境内に入るとき、スマートフォンの機内モード（飛行機のマーク）をオンにすることで、電波が送受信されないようにしています。

神社が発する電波を感じ取るためには妨害要因をできるだけ減らし、よりキャッチしやすい環境を選んでいくことも大切です。

あなたの神社センサーの感度をチェックしてみよう！

それではこの章の最後に、あなたの神社センサーは現在どんな状況なのかを簡単にチェックしてみましょう！　次の項目の中から、自分に当てはまるものがいくつあるか数えてみてください。

神社センサーの感度チェック項目

1. お気に入りの神社があり、定期的（年に一度でもOK）に参拝している。
2. 賑やかな街中よりも自然豊かな場所にいるほうが好き。
3. 臭いには敏感である。
4. 食べ物の好みは明確であり、味にはうるさい。
5. 服を選ぶときはデザインだけでなく、素材による肌触りや通気性も気にする。
6. アップテンポで激しい音楽よりもスローテンポで耳に優しい音楽のほうが好き。
7. 一人旅などのソロ活動も平気。
8. 宿泊先の部屋など、行った場所によって居心地が悪いと感じることがある。
9. 特定の人のことが頭に浮かんだその日のうちに、その人から電話があったり、メールが届いたり、出かけたときに偶然会ったりしたことがある。
10. 部屋の中は整理整頓されていて、掃除も定期的にしている。

以上の十項目のうち、五項目以上に当てはまれば感度は高いほうです。当てはまる項目が少なくても気にすることはありません。この本には、あなたの神社センサーのスイッチをオンにするだけでなく、その感度を上げる方法も書いてあります。

まずは次の章で、あなたも神社センサーを持っているということに気づかせてくれる産土《うぶすな》神社と鎮守神社を見つける方法についてお伝えします。

第2章

神社センサー発動のトリガーとなる産土《うぶすな》神社と鎮守神社

生涯に関わる産土神社と日常生活に関わる鎮守神社

いよいよ神社へ行って仮説の検証をすることにした私は、神社センサーの反応があったいくつかの神社へ行って参拝してみたものの、豆電球の点滅以外は特別変わったことはなく、「わからないなぁ」と首をひねりながら帰るだけでした。

この頃の私は、神社に興味があったわけではなく、神様についての知識もほとんどない状況だったので、お賽銭を入れて手を合わせる形ばかりの参拝をしていました。

何かが不足していると感じた私は、とりあえず神社参拝の基本的な作法の本を読むことにしました。神社に神様がいらっしゃるのであれば、まずは気に入ってもらえるように作法を理解しておこうと考えたからです。

鳥居をくぐる前には一礼。参道の真ん中は神様の通り道だから右端か左端を歩く。手水舎《てみずや》では手や口を決められた順に柄杓《ひしゃく》ですくった水で清める。お賽銭は投げ入れずに、そっと手のひらから滑らせるように入れる。二礼二拍手一礼でのお辞儀の角度や拍手《かしわで》の仕方のコツ。このような作法を知り、いままで本当に失礼な参拝をしていたんだな、と反省しました。また、ご神域へ入らせていただいているという畏敬の念を抱くこともできました。

じつは『古事記』も読んだことがなかったので、神話に登場する神々のことくらいは知っておいたほうがいいと思い、書店へ買いに行ったのもこの頃です。

このように神社や神様に関する基礎知識を少しずつ増やしながら、神社センサーが反応する神社と反応しない神社の比較検証を続けました。

そんなある日、いま住んでいる家の近くで毎回豆電球がチカチカと点滅する神社があったので繰り返し参拝し、じっくり検証することにしました。

私はこの参拝がトリガーとなり、神社センサーの基本機能や使い方がわかり始めたのです。

ところで、あなたは産土神社、鎮守神社という名称を聞いたことがありますか？

産土神社とは、妊娠中のお母さんの胎内にあなたがいた時期に、お母さんが住んでいた場所の近くにある神社です。あなたの誕生を見守ってくれた神様がいらっしゃる神社であり、その神様は一生を通じてあなたを守護してくれます。

鎮守神社とは神社の周辺地域に住んでいる人々の守り神がいらっしゃる神社です。よって、その地域外へ引っ越しをした場合は鎮守神社も変わります。

なお、いまも産土神社の近くに住んでいる場合は、その神社が鎮守神社も兼ねている可能性があります。

私が繰り返し参拝してみることにしたのは家の近くの鎮守神社であり、その参拝をきっかけに見つけたのが産土神社でした。

この二つの神社を参拝して気づいたことは、**自分とのご縁がある神様が発している電波に対してだけ神社センサーが反応する**ということです。つまり、明らかにあなたとのご縁がある神様が祀られている産土神社と鎮守神社を先に見つけておけば、ほかの神社参拝では得られなかったさまざまなサインを感じ取る練習ができることになります。

まずは、あなたの神社センサーを発動させるトリガーとなる産土神社と鎮守神社を調べましょう。そして、その候補となる神社を実際に参拝して、神社センサーの反応を体感してみましょう。

あなたの産土神社と鎮守神社を見つけよう！

産土神社の探し方については諸説あり、関連書籍もたくさんありますが、ここでは私自身が実際に体験した探し方を紹介します。

なお、産土神社がいま住んでいる場所から離れていてすぐに探せない場合は、先に鎮守神社を見つけて、神社センサー発動のためのトリガーとして活用しましょう。

産土神社を見つけるための第一ステップは、妊娠中のお母さんの胎内にあなたがいた時期にお母さんが住んでいた場所の近くにある神社を、インターネットの地図検索などで調べてみてください。

探すときの注意点ですが、お母さんが妊娠中に住んでいたのはあなたが幼少期に住んでいた実家とは限らないことです。妊娠中はお母さん自身の実家に帰っていたり、出産してから引っ越しをしていたりする可能性もあるからです。当時の情報を家族や親戚に確認してみてもわからない場合は、お母さんの戸籍謄本を取って引っ越しの有無を調べてみる方法もあります。

住んでいた場所が二か所に分かれていれば、妊娠初期の頃の場所を優先して調べてください。妊娠時期が曖昧であれば、二か所で神社を探して比較しましょう。

なお、お母さんが住んでいた場所からどのくらいの距離まで探すかについては、明確な基準がありません。私は、近くにいらっしゃる土地神様という意味で、無理せず歩いて行ける距離＝地図上の直線距離で一・五キロ以内を目安としました。この目安の距離内に神社がない場合は、徐々に探す距離を拡げていくことになります。

産土神社と鎮守神社の探し方

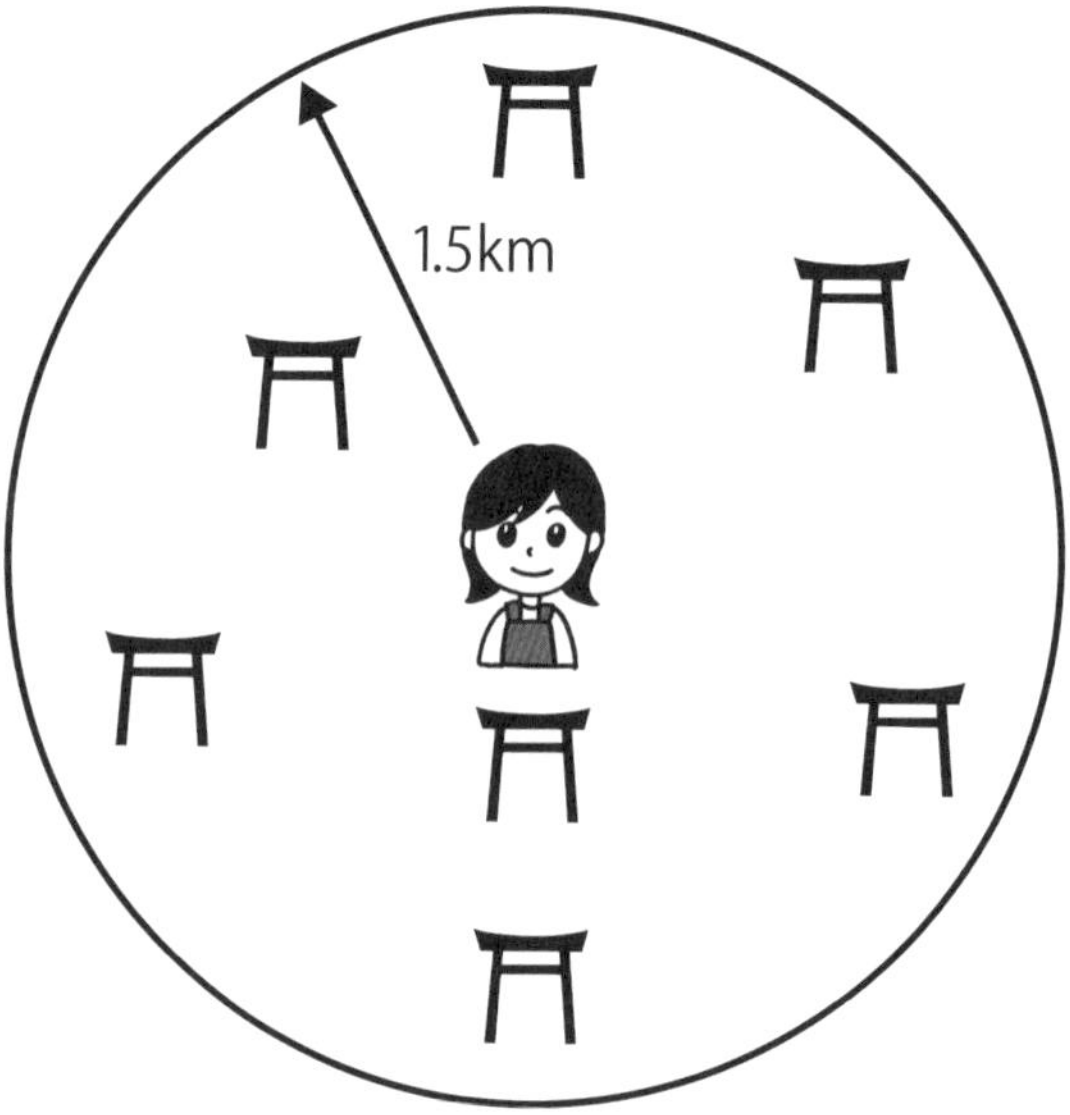

いま住んでいる都道府県の神社庁へ電話をして住所を伝えれば、登録されている神社を確認することもできるのですが、地域内にある代表的な神社を教えてくれるため、その神社があなたの産土神社とは限りません。

目立たない小さな神社があなたの産土神社かもしれませんので、神社の格付や大きさに関係なく、当時お母さんが住んでいた場所から近い順に参拝してみてください。

地図上では拡大率によって小さい神社が表示されないこともあるので、実際に歩いて回って神社が見つかることもあります。

また、距離的に一番近い神社が産土神社というわけではありませんので、すべて参拝してみて、印象を比較する必要があります。

さらに、神社の境内に本殿以外の摂社・末社と呼ばれる小さな社殿がある場合は、一つひとつゆっくり参拝してみてください。摂社・末社には本殿とは違う神様が祀られています。あなたとのご縁が深い神様は本殿ではなく、摂社・末社に祀られている場合もあるからです。

あなたが住んでいる場所の近くにある鎮守神社も同じ方法で探すことができます。あなたはいま、なんらかのご縁があってそこに住んでいます。その地域を守っているあなたとのご縁が深い神社を見つけましょう。

神社比較採点リストの活用方法

では、どのようにして複数ある神社の中からあなたとのご縁が深い神社を見つけるのか。私の実体験に基づいた「見つけ方」をお伝えしましょう。

それは、「直感でピンときたところです！」なんて答えると、読者の皆さんに怒られてしまいますね。

私が見つけたわかりやすい方法としては、最初に参拝した神社の印象を採点して基準となる点数をつけておき、次に参拝した神社と比較することです。

印象というのは、単純に見た目から始まり、リラックスできる居心地のよさ、花や木々の優しい香り、鳥の鳴き声、風の吹き方など、自分で良いなと感じる項目を総合的に評価して決まります。五感をフル活用して、そのとき身の回りで起きたことや感じたこともメモしておいてください。

いくつか回っていくうちに「おっ、ここはいいな！」と思える神社が絞り込まれてくるはずです。

なお、私が使っている神社比較採点リストを掲載しましたので、ぜひご活用ください。また、項目の点数を神社参拝時に記入できる神社比較採点表も50ページに掲載しておきますので、コピーしてご利用ください。

神社比較採点リスト（50点満点）

1．見た目の印象（10点）

ポイントは一瞬で決めること。鳥居から入って、社殿が見えてきたときの印象が採点基準となります。神社の格付や境内の広さは関係ありません。社殿の大きさや華やかさも重要視しません。人であれば、見た目が好みのタイプかどうかというのと同様に、第一印象で採点します。

2．参拝したときの天気と大気の印象（10点）

晴れ、雨、曇りは関係ありません。時として参拝中に天気が変化していくことも含めて、歓迎されているような印象を抱くかどうかで採点します。

ふだんから参拝者の多い神社なら、あえて雨を降らせて参拝者を少なくし、感じ取りやすくしてくれているのかもしれません。雨の降り方や降り出すタイミングでも印象は変わると思います。

太陽の光の印象や空に浮かぶ雲の形やその変化にも注目してください。

さらに、ゆっくり落ち着いて深呼吸をしてみてください。鼻で感じる香りの印象や吸い込む空気が美味しいと感じられるかということでも採点しましょう。

なお、風の吹き方の印象については、別項目で採点するので除いてください。

3. 聞こえてくる音の印象（10点）

場所によっては避けられない車の走行音や近くで工事をしている音、参拝者の声などを除き、そこにある木々の葉のざわめきや鳥の鳴き声、たまたま社殿から聞こえてくる太鼓や笛の音などに耳を澄ませて、心地よく感じるかどうかで採点しましょう。

4. 本殿、摂社、末社を参拝したときの印象や現象（10点）

本殿のみならず境内の摂社、末社を回り、「ここはほかの社殿よりも居心地がいいな」と感じた場所で採点します。

参拝しているときに蝶や鳥が近くに飛んできたりするかもしれません。また、身体がゆらゆら揺れてきたり、ぽかぽか温まってきたり、背骨がビリビリしたりといった現象の有無も含めて採点してください。

第3章では私の体験談も紹介していますので、参考にしてください。

なお、風の吹き方の印象については次の項目で採点するので除いてください。

5. 風の印象（10点）

前述項目の天気や大気の印象とは別に、風だけに注目してみてください。どの方向からどのくらいの強さで、どんなタイミングで吹いてくるのか感じ取ってください。

各社殿の正面に立ったとき、風が社殿の奥からあなたに向かって吹いてくるのか、後ろから吹いてくるのか、それとも左右から吹いてくるのか。どれが良いかは気にせずに、あなたの印象で採点してください。

また、風によって拝殿と本殿の間にかけられている御幌《みとばり》と呼ばれるカーテンのような布や注連縄《しめなわ》についている紙垂《しで》（稲妻のような形をした紙）が揺れたりする現象も含めて採点しましょう。

風の強さは体感だけでなく、聞こえてくる木の葉のざわめきの大きさや目に見える枝の揺れ方でもわかります。視覚、聴覚、皮膚感覚を総動員して、ほかの神社で感じる風と比較してください。

神社比較採点表

日付	年	月	日

神社名	

境内に複数の社殿が有れば印象に残る場所を記載

場所	本殿	その他	

全て10点満点で採点しましょう！

1.　見た目の印象	
2.　天気と大気の印象	
3.　聞こえてくる音の印象	
4.　参拝したときの印象や現象	
5.　風の印象	
合計	

気づいたことや御祭神名など

五項目合計50点満点で採点してみると、合計点数の高い神社が絞り込まれてきます。それぞれの神社の境内にある本殿、摂社、末社のどこの社殿が一番印象に残ったかも比較し、採点すると、あなたの心の中では「産土神社はこの社殿じゃないかな」と感じ始めるはずです。

それを確信するためには、高得点になった神社をもう一度参拝して、再度比較し、採点してみてください。急ぐことはありません。「なんとなくこっちかな」ではなく、「ここだ！」と納得できるまでやりましょう。

神社センサーのスイッチをオンにするための下準備

さて、ここからが重要です！　第二ステップは、神社に祀られている神様を確認します。

多くの神社では、入り口付近や社殿の近くに御由緒書《ごゆいしょがき》という神社の解説が掲示されています。その内容を読んで、いつ頃どんな経緯でこの神社が建立され、どんな神様が祀られているのか確認しましょう。

御由緒書がない場合は、インターネットでその神社を検索してみてください。公式ホームページがない場合は、神社庁のホームページでの神社名検索結果や地域の観光協会のホームページで紹介している記事なども参考になります。本殿のみならず摂社・末社であっても、一つの社殿に複数の神様が祀られていることがありますので、すべて確認しましょう。

そして、その社殿に祀られている神様が産土神社と鎮守神社の両方に祀られていたら大当たりです。あなたがどこにいても、つねに強力なバックアップをしてくれる神様の名前をしっかり覚えておいてください。

産土神社と鎮守神社で異なる神様が祀られている場合は、両方の名前を覚えておいてください。生涯にわたってご加護をいただける産土神社の神様が重要なのはもちろんですが、鎮守神社の神様もいまのあなたに必要なバックアップをしてくれています。

先に鎮守神社だけを見つけた方もその神社の神様の名前を覚えておくと、この先、産土神社を探すときに役に立ちます。同じ名前の神様、もしくは、その神様とつながりが深い親や兄弟のような神様が祀られている神社があるか調べることで、産土神社の絞り込みがしやすくなります。

なお、一つの社殿に複数の神様が祀られていた場合、どの神様が自分を守ってくれているのか悩んでしまいますよね。複数の神様の中であなたとのご縁が深い神様を見つけるためには、その後、神社センサーの反応で導かれていく神社の神様の名前がヒントになります。神社センサーが反応してほかの神社を参拝したとき、複数の神様の中の特定の名前をたびたび目にしたとしたら、あなたを守っている一番ご縁の深い神様である可能性が高いのです。

ただし、日本を代表する神様である天照大御神《あまてらすおおみかみ》はとても多くの神社に祀られていて、名前を目にする確率が高いので、自分と一番ご縁が深い神様だと思い込みやすくなります。天照大御神と一緒に祀られているほかの神様の名前もメモしておいて、その後の神社参拝でたびたび目にする名前がないか確認しましょう。

さらに、同じ神様が複数の名前をもっていることも多いので、違う名前で祀られていると気づかないこともあります。神社センサーが反応して参拝した神社に祀られている神様は、ほかの名前でも呼ばれていないか調べてみることもおすすめします。

第三ステップは、どのような特徴やご利益のある神様なのかを調べます。『古事記』に登場している有名な神様であれば、どのような役割をしたかわかると思いますが、あまり聞いたことがない名前の神様だった場合は調べてみてください。

その神様の特徴やご利益を知ることで、得意分野がわかってきます。あなたがほかの人

より恵まれていると感じていたり、得意だと感じていたりする分野は、その神様のバックアップが影響しています。

以上、三つのステップによって神社センサーのスイッチをオンにするための下準備は完了です。あとは、産土神社もしくは鎮守神社を定期的に参拝して感度を磨いていくことになります。

なお、あなたの産土神社と鎮守神社の神様は、いままでもあなたをバックアップしてくれていたのですが、あなたとのチューニングがバッチリ合っていない状況では、そのご利益の一部しか活用できていません。

あなたが自分の意志で産土神社や鎮守神社を探し出し、そこに祀られている神様を知り、改めて感謝の気持ちを心の底から伝えることで神様が送ってくれている電波とのチューニングが合いやすくなります。

心構えとして重要なことは神社センサーの機能を目覚めさせたいと本気で願い、いままでの自分の価値観とは異なることでも受け入れようとする柔軟性をもつことです。私は既存の価値観をなかなか変えられなかったので、神社センサーに気づき、その機能を理解するまでに長い年数がかかりました。あなたには最短コースで神社センサーのスイッチを入れていただけるように、私が体験して気づいたことを次の3章から具体的に解説していきたいと思います。

狛犬カフェ(1)
ティーブレイクコーナー

ちょっと一息入れるために、神社にまつわるエピソードでティーブレイクしましょう!

小さな神社でも総本社と同じパワーがあるの?

ご縁をいただいた地元の小さな神社の神様の総本社は別のところにあり、神様もそこにいらっしゃるとしたら、小さな神社に同じご利益を期待できるのでしょうか?

「神社の神様の力を疑うとは失礼な!」と神様に怒られそうですが、調べてみました。

総本社の神様は、その分身といえる御霊《みたま》としてほかの場所にある神社へ迎え入れることができます。そうすることで、総本社の神様と同じ力を宿す神社になります。

たとえば、諏訪大社から分社されたのが各地にある諏訪神社であり、同じ名前の神様が祀られています。

なお、同じ神様でも祀られている場所は違うため、その土地特有の地場のエネルギーの影響も少なからずあるように感じます。総本社の神様のエネルギーがその土地と相性の良いエネルギーとしてアレンジされれば、その土地に住んでいる人はさらに神様とつながりやすくなります。

つまり、小さな神社でも総本社と同じ神様のパワーがあるだけでなく、土地神様としてのエネルギー特性も追加されているということですね。

第3章

神社参拝で体感した神様のエネルギー

産土神社と鎮守神社においてほかの神社とは違う感覚をつかんだ次の段階では、神社センサーが反応するときのあなたならではの合図のパターンを確認することになります。

車やオートバイに乗っているときや歩いているときに鳥居や木々が生い茂る杜を見かけてなんとなく気になった場合は、境内に入る前になんらかの合図がないか確認しながら参拝しましょう。最初のうちは「もしかして、これなのかなぁ」と感じる程度で具体的な合図ではないかもしれません。

その神社を参拝中に産土神社や鎮守神社と同じような印象を抱いたとすれば、その合図は正しかったことになります。

さらに、神社比較採点リストを活用して点数をつけてみるとより明確になります。合図があった神社の点数が高いのであれば、あなたの神社センサーはすでに機能し始めています。

また、合図があった神社の神様は、産土神社や鎮守神社の神様と関係があるかもしれませんので、お名前、御神徳《ごしんとく》、登場している神話などを調べてみてください。

「なんとなく」という感覚が具体的な合図になるまでの期間は人によって異なると思いますが、焦らずに神社参拝を楽しみながら練習しましょう！

なお、この練習の過程では、神社においてさまざまな現象に気づくと思います。そこで、この章では、ここまであなたにお伝えしてきたことを実際に私はどのように体験したのか具体的に解説します。

鳥居をくぐったときの空気感の違い

オートバイ走行中に頭の中での豆電球の点滅が始まり、その原因がわからず苦慮していた時期を経て「こうなったら神社へ実際に行って原因を突き止めよう！」と決めてからの体験談です。

私がオートバイでたびたび通る道沿いにある神社にセンサーが反応しました。そこは住んでいる家から一番近い神社であり周辺にほかの神社はないので、私にとっての鎮守神社である可能性が高いと思いました。同時に、いつでも行けるこの神社を繰り返し参拝することで何かわかるかもしれないという予感もありました。

鳥居の手前には御由緒書があり、御祭神は天手力男命、天照大御神、豊受大御《とようけのおおみ》神《かみ》、栲幡千千姫命《たくはたちぢひめのみこと》の四柱《よはしら》であることがわかりました。

天照大御神は伊勢神宮の内宮、豊受大御神《とようけのおおみかみ》は伊勢神宮の外宮の御祭神として有名なので知っていましたが、天手力男命が祀られている有名な神社は長野県の戸隠《とがくし》神社の奥社、栲幡千千姫命《たくはたちぢひめのみこと》が祀られているのは三重県の椿大神社《つばきおおかみやしろ》であることは、後で調べてわかりました。

最初に感じたことは、鳥居をくぐった瞬間に周りの空気感が変わったことでした。実際の空気の成分が変わったというよりも、湯気で曇っていたガラスの表面をさーっと拭き取ったときのようなスッキリとした爽快感があるのです。寝起きのぼーっとした状態から自分の両頬をたたいてをシャキとした状態に変わり、ほどよい緊張感を抱くようなイメージです。

確かめるために、もう一度鳥居の手前に出て再度中に入ってみると、やはり何か違います。「?·」マークが出たまま、両側を杉の木で囲まれた参道を歩きました。杉の木に留まっているカラスが何羽かで「怪しい奴がきた」と言い合っているかのように鳴き、参道はにわかにざわついています。

手水舎に柄杓はなく、水道の蛇口が付いていたので両手を洗い、てのひらに水をためて口元をすすぎました。

拝殿の手前には狛犬がいました。ジーっと睨まれて、観察されているような気がします。

賽銭箱に小銭を入れて鈴を鳴らし、二礼二拍手一礼しました。参拝目的ではなく、神社センサーが反応する原因を調査にきているので、願い事はしませんでした。

拝殿前では、清々しい風がゆるやかに吹いていて心地よく感じました。

このように、初めて鎮守神社に行ったとき一番印象に残ったのは空気感の違いでした。

その後、この神社の近くを通るたびに参拝して空気感の違いや吹いてくる風の印象をより明確に感じ取れるように五感を使う練習をしました。

神様とつながっていくには順番がある！

この鎮守神社の御祭神の特徴を調べていたときに、「産土神社」という言葉がパソコンの画面上や読んでいた本にたびたび出てきました。その言葉の意味を知って、産土神社にも神社センサーが反応するのではないかと思った私は、幼少期に住んでいた実家の周りの神社の場所を調べて参拝することにしました。

しかし、実家周辺にあるいくつかの神社へ行っても神社センサーは反応しませんでした。

そこで、高齢の母親の戸籍謄本を取って転居の記録を見ながら、うっすらと残る母親の記憶と一致するか確認してみたところ、妊娠中は別の場所に住んでいたことがわかりました。

早速、その住所周辺の神社を地図で調べてみると、鎮守神社と似ている名前の神社がありました。祀られている神様も共通していないか調べてみると、本殿だけでなく別宮《べつぐう》と呼ばれる社殿にも鎮守神社と同じ神様が祀られていたのです。

現在住んでいる場所の鎮守神社とのつながりがあるとすれば、この神社が私の産土神社である可能性が高いと思い参拝することにしました。

そして、参拝した日はたまたま師走大祓式《しわすおおはらえしき》と呼ばれる一年の下半期に溜まった穢れをお祓いする行事の日でした。CDではありましたが雅楽《ががく》(和楽器による古典音楽)が流れている拝殿において一人だけで参拝できた心地よさは格別であり、私がやっと見つけてきたことを喜んで歓迎してくれているように感じました。

本殿前で参拝をしていると、右後ろ側に隣接している別宮のほうに神社センサーがより強く反応しているように感じたので行ってみました。そこにも小さな鳥居があり、質素でありながらとても厳かな社殿が見つかりました。その前に立つと奥のほうから全身を優しくなでるような風が吹いてきて、初めて来た場所なのに不思議と懐かしい感情が湧きあがってきたのです。周辺の木々から聴こえていたコーラスのような多くの鳥のさえずりがいっそう大きくなりました。ここが、私の産土神社の神様がいらっしゃる場所でした。

こうして産土神社に祀られている神様の名前を知ったことで、なぜ特定の神社でだけ私の神社センサーが反応するのかという最初の疑問が解けました。

その産土神社の別宮で祀られていた神様の名前は豊受大御神でした。鎮守神社に祀られている四柱の御祭神の中にも豊受大御神がいらっしゃいます。「もしや？」と思いそれまでに神社センサーが反応していた神社も調べてみると、なんと豊受大御神が祀られていたのです。つまり、産土神社と同じ神様が祀られている神社の近くを通ったときに、私の神社センサーが反応していたのです。

どうやら神様とつながっていくには順番があるようです。私が最初に参拝しなくてはならなかったのは産土神社であり、それに気づくように神社センサリーがしつこく反応してくれていたのです。

神社センサーが反応したときの合図の見つけ方

神社センサーは、自分の産土神社や鎮守神社に祀られている神様と同じ名前の神様が祀られているほかの場所にある神社に対しても反応します。この特性を活用して、あなたの神社センサーが反応したときの合図を確認する練習ができます。

あなたの産土神社や鎮守神社と同じ神様が祀られているほかの神社を周辺地域で探して参拝したときと、まったく違う神様が祀られている神社へ参拝したときの印象の違いを五感で細かく感じ取るのです。

さらに、産土神社や鎮守神社と同じ神様が祀られているほかの神社をはじめて参拝するときは、入り口にある鳥居の前までゆっくりと近づいていき、神社センサーが反応する際の身体的、もしくは、感覚的な合図がないか確認してみてください。

もともと感知力が優れている方は、「あっ、なんか呼ばれている気がする！」、もしくは「ここは何も感じないなぁ」という感覚の違いで気づく場合もあると思います。ほかにも頭の中での豆電球の点滅、鈴のような音、背骨がビリビリするような感覚など、合図のパターンはさまざまなので、参拝を通じて自分なりの合図を見つけてください。

一方、頭が痛くなったり、気持ちが悪くなったりするような不快な現象があった場合は、行かないほうがいい場所である可能性がありますので注意してください。**あなたが行くべき神社に対して神社センサーが反応しているときは、不快感を伴わないシンプルな合図で教えてくれます。**

さらに、私が産土神社を見つけたときのように、合図の強さの違いもあります。本殿では弱い反応だったけれど、境内を歩いていると摂社や末社の一つには強く反応することがあるのです。強く反応する社殿には、産土神社や鎮守神社と同じ神様、もしくはあなたが今後必要となるご利益をいただける神様が祀られています。強い反応があったときは、どんな神様が祀られているのか確認しましょう。

土砂降りの日のオートバイでの参拝

次は、産土神社と鎮守神社の神様を見つけてから新たなご縁をいただける神社へはどのように導かれるのかについての体験談です。神社センサーの機能が使えるようになると、ワクワクする冒険のような参拝もできるのです。その冒険とは……。

私が鎮守神社を見つけて定期的に参拝し始めてから、その御祭神の一柱である天手《あめのた》力男命《ぢからおのみこと》の名前がたびたび頭に浮かぶようになりました。同時に神社センサーが反応して豆電球がゆっくりと点滅しました。どうやら神社センサーは、これから参拝すべき神社やそこに祀られている神様を思い浮かべたときにも反応するようです。

天手力男命が祀られている神社は、長野県にある戸隠神社の奥社です。いま住んでいる場所からの距離は片道約三六〇キロ。気軽に行ける距離ではなく、いつか行けたらいいなと思うレベルの遠さです。

ところがその数日後、「いま行かなくてはならない！」という逆らい難い、とても強い衝動に突き動かされました。しかも6月の梅雨の時期であり、大雨の中をオートバイで走らなくてはならないのですから、「頭大丈夫？」と自分に問いかけていました。

雨の日のオートバイ走行は視界が悪くなり、路面はすべりやすく、ブレーキも効きにくくなるため危険です。しかし、神社センサーは強引に導こうとしているようで、私はとんでもない土砂降りの日にオートバイで走ることになったのです。

一部区間は高速道路を使い距離もあるので車で行くほうが楽ですが、私は長距離の車の運転が苦手なので選択肢には入りません。高速走行に向いているトライアンフ・ボンネビルT100という大型バイクも所有していますが、大雨の中、山道も走ることを考慮してオフロードバイクであるヤマハ・セロー225で翌日の早朝に出発しました。

オートバイ用のレインウエアを着ているものの、中央自動車道のインターをめざし、山道を抜ける頃にはウエアの中は汗でびっしょり。ブーツの中は、しみ込んできた雨水でぐしゃぐしゃでした。

さらに、高速道路に入りスピードを上げて走ると、雨粒がグサグサと身体に突き刺さります。ヘルメットのシールドは滝の中にいるような水音を立て、まるで滝行をしているようでした。

「なんでまた、こんな土砂降りの中を走っているんだ？」という自問自答をしているうちに私は気づきました。これは神社参拝前の禊《みそぎ》なんだと。本来の方法とはかけ離れた滝行ですが、いまこうして大雨の中をバイクで走っていることには意味があったのです。私は長年積もり積もった穢れを水と風によって強引に洗い流すことで浄化されていきました。

どうやら今回導かれた神社へは、この禊をしてから行くように神様からのお達しがあったようです。

今回の目的地である戸隠神社は五つの御社《おやしろ》の総称であり、戸隠山の麓の坂道沿いに宝光社《ほうこうしゃ》、火之御子社《ひのみこしゃ》、中社《ちゅうしゃ》、戸隠山の中腹に九頭龍社《くずりゅうしゃ》、奥社があります。火之御子社、中社、奥社には、「天の岩戸開き」において重要な役割を果たした神々が祀られています。

宝光社のある場所が見えてきたときから神社センサーが反応して、豆電球はチカチカと点滅を始めました。到着したときには弱まっていた雨もやみ、薄日が差す曇り空になりました。

神々しい鳥居（巻頭写真）をくぐり、杉の古木が両側を囲む二七〇余段の長い石段を登ると荘厳な社殿が現れました。

そして、賽銭箱の前で手を合わせて目を閉じたとき、信じ難い現象が起きたのです。まず、暗闇の右上の方にボワッと小さなオレンジ色の光の玉が浮かびました。その光の玉はじわじわと暗闇の中央に移動してきます。その暗闇には奥行きがあるようで、光の玉は私の目の前へ近づいてくるにつれて、少しずつ大きくなっていきます。まさに目の前という位置までくると、光の玉はジワッと私の眉間へ溶け込むように入っていきました。

続いてオレンジ色の帯のような光が現れ、その上に梵字のような黒い文字が次々と浮かびあがってきました。そして、その文字が光の川を流れていくように見えたのです。

梵字は仏教において苦難や災難から守ってくれる仏様を表しているようですが、文字の意味はわかりません。戸惑いながらも好奇心が勝り、しばらく文字が流れているのを見ていました。やがて、光の帯は少しずつ暗くなっていき通常の暗闇に戻りました。

初めての体験による精神的な混乱の中でゆっくりと目を開けたとき、なぜか温かなエネルギーに包まれたような心地よさが残っていました。

私はもともとこのような現象を他人から聞いても信じないのですが、この実体験をしたときは意識がしっかりあったので、自分で創り出した夢の世界だとは思えません。その現象はとても克明であり、ふだんの私の想像力では思いつきもしない内容です。いままでの私の価値観はこっぱみじんに吹き飛び、神社の神様がなんらかのエネルギーを発していることを受け入れざるを得ない状況でした。

「もう少しここにいたい」と後ろ髪をひかれながらも、まだ四つの御社を回る予定なので、近くにある火之御子社を参拝してから中社へ向かいました。中社には天八《あめのや》意《ごころ》思兼命《おもいかねのみこと》という神様が祀られています。

天八意思兼命は、天照大御神が天の岩戸に隠れて世界が暗闇に包まれたときに岩戸を開くため、神々の宴会を提案したという知恵の神様です。また、さきほど参拝した宝光社の御祭神である天表春命《あめのうわはるのみこと》の親神様とされています。神々の親子関係や親戚関係を調べると、今回のように宝光社と中社の神様は深いつながりがあることがわかります。

中社の本殿右奥には小さな滝と小川があり、なぜか惹かれる場所でした。手水舎での通常の禊とともにこちらの水で手を清めるといいように感じます。

そして、見逃してはいけないのが「龍の天井絵」。普通に参拝していると見えないのですが、賽銭箱の手前でしゃがんで社殿の天井をのぞいてみてください。見事な龍の絵が描かれています。こんな発見も神社参拝の楽しみの一つです。

中社の近くで名物の戸隠蕎麦を堪能した後、奥社に向かうことにしました。ここに今回の参拝へと導いた力持ちの神様、天手力男命が祀られています。なお、奥社の手前には戸隠山の守り神として天手力男命をアシストした龍神が祀られている九頭龍社があります。

奥社の駐車場にオートバイを停めて、参道の入り口となる鳥居から約一キロ進むと随神門《ずいしんもん》と呼ばれる茅葺《かやぶき》屋根で朱塗りの門がありました。この門はまさに結界という雰囲気が漂い、「この門の先のご神域へは心して入るべし」という感じがする厳かな場所でした。

神社の鳥居も同じ役割がありますが、この門をくぐり一歩踏み入ると空気感がまったく違います。随神門から先は樹齢四〇〇年を越える杉並木が五〇〇メートル続き、大地のパワーを感じる異空間でした。

戸隠神社の随神門

奥社に近づくにつれて参道は山登りのようになりますが、この長い参道も足の裏から大地へと全身の穢れを落としてくれているように感じました。
そして、九頭龍社と奥社を参拝したのですが、ここでは何も感じず、「あれ？　天手力男命に会いにきたのではなかったのかな？」と拍子抜けしてしまいました。

その一方で、「最初に参拝した宝光社へ再び行かなくてはならない！」という気持ちが湧き起こりました。あの不思議な体験は何を意味しているのか、どうしても気になっていたからです。

これから移動して宝光社の長い石段を再び登るのはかなりきついのですが、もう一度あの社殿の前に行きたいという気持ちには逆らえません。自らを鼓舞し、奥社からオートバイを停めてある駐車場までの参道はほぼ駆け足。オートバイで坂道をくだり宝光社へ。そして最後の難関、二七〇余段ある急な石段を登ります。

息を切らしながら社殿の前に立った瞬間、じわーっと涙が滲み出ました。とても温かく寛容で優しいエネルギーがそこにあると再び感じました。「この神社は、自分にとってご縁がある特別な場所だ！　そこに、やっとたどり着けたんだ！」という充実感に満たされました。そして、頭の中では「よくぞ参った！　待っていたぞ！」という声が響くように聞こえたのです。

「ここへ戻ってきて本当に良かった！」と思いました。

私は日が暮れるまでその境内に溢れる歓迎のエネルギーに浸ってから、オートバイで宿泊先へ向かいました。

本命の場所を気づかせてくれる神様センサー

さて、この体験での神社センサーの機能を整理するために、これまでの私の参拝の経緯を改めて振り返ってみたいと思います。

神社センサーが反応した鎮守神社へ行ったことがきっかけで産土神社も見つけて、自分とのご縁の深い神様を発見。鎮守神社で祀られていた天手力男命に呼ばれて戸隠神社を参拝。ところが、天手力男命が祀られている奥社ではなく宝光社で新たな神様とのご縁をいただく。以上が大まかな流れです。

ここで注目したいのは、鎮守神社の神様に導かれて行った場所で見つけたのは、その神様とつながりのあるエリア内における別の神社だったということです。私が戸隠神社へ行く目的は天手力男命が祀られている奥社でした。しかし、実際に神社センサーが強く反応したのは同じ戸隠神社の中の一社である宝光社だったのです。

つまり、**特定の神様に呼ばれて神社へ行ったとしても、その真の意図は特定の神様のところへ参ることではなく、近くにいらっしゃる別の神様に逢わせることだった**のです。

産土神社を探すときにも採点が一番高かったのは本殿ではなく摂社や末社となるこ

とがあるのと同じで、導かれて行く目的地のエリア内に「ここだ！」という本命の場所があることがわかりました。その本命の場所に気づけるのが神社センサーの機能なのです。

では、その新たな神様とのご縁は何のためだったのでしょうか？

私の産土神社、鎮守神社の両方に祀られていて、生涯のご加護をいただける神様は、豊受大御神でした。この神様の得意分野のご利益のお陰でいままで衣食住に困ったことはなく、生活環境を変えたいと思うとじつにタイミング良く必要な人との出会いがあり、実現していきました。この人生の基盤となるご利益に追加されるのが、私がいまこそ必要とする神様のご利益です。

当時、私の会社の業績は安定していたものの、このままずっと安泰ということは考えにくく、新たな営業方法をいまのうちに計画しておかないといけない、と感じている時期でした。宝光社の御祭神、天表春命は学問と技芸（私の会社で扱う大道芸も含まれます）の神様であり、知識や情報と技芸を結びつけて発展させることが得意です。この神様とのご縁をいただいた後にタイミング良く新たな取り組みに対する補助金の情報が入り、優秀な人々の力を借りて会社のホームページをリニューアルしたことで売り上げも急上昇していきました。

このように産土神社や鎮守神社の神様は神社センサーを通じてなんらかのサインを送り、あなたの役に立つ神様がいらっしゃる神社へと導いてくれます。そして、神社センサーの反応の有無や強弱を確かめることで、その神社の本殿に限らず小さな摂社、末社にあなたがいま必要とする神様が祀られていることに気づくことができます。私の場合は、戸隠神社と呼ばれる大きなエリアにある五社のうちの一社に必要な神様が祀られていたわけです。

また、私が土砂降りの雨の中をオートバイで走って行ったように、参拝するタイミングも重要です。どうしても行きたくなる衝動は「いまこそ行きなさい！」というメッセージだと覚えておいてください。

神様に歓迎されているサイン

オートバイで神社を巡っているときは記録のために、鳥居、狛犬、参道から見える社殿などの写真をスマートフォンのカメラで撮影しています。なお、賽銭箱があってみなさんがお祈りをする場所である拝殿のさらに奥にある本殿は撮影が禁じられている神社が多いので、拝殿近くでの撮影は控えています。

そして、参拝の途中で撮影した写真を見ると、不思議な光が写っていることがあります。

たとえば、鳥居の周りに円形の虹のような光、本殿に向かって空から降り注ぐような複数の光、時には一本の強い光の帯、さらに、本殿そのものが四方八方へ光を発散しているような景色が写っていることがあります。

最初は太陽の光が乱反射して写っただけだと思いましたが、曇りや雨で反射するほどの日射しがなくても写っていることがありました。そんな光が写った神社では、いまの自分に必要なひらめきがあり、日常生活や仕事での改善のヒントをいただけることが多いのです。

なお、同じ神社へ再び行っても必ず光が写るわけではありません。光るのは、あなたにとって最適なタイミングでその神社へ行ったとき。そんなときこそ、歓迎のサインとして光が写るのではないかと思います。

神社センサーの反応がまだ実感できていない時期は、自分とのご縁があって歓迎されている神社なのかどうかを写真で確認するというのも一つの方法です。

あなたが撮った写真にも、神々しい美しさがある光が写り込んでいるかもしれませんよ。

神様のエネルギーを感じたときの現象パターン

ここであなたに質問です。目に見えない神様はどのような存在だと思いますか？　人が創造した神話の世界での存在にすぎないと思いますか？　それとも人の想念が心の中で描いているだけの存在だと思いますか？

私は全国の神社を参拝した体験上、こう感じています。

神様によって異なる特性のある光がぎゅーっと集まって凝縮されたエネルギー体であり、その光が発する色もさまざまです。それぞれの光には固有の周波数があり、その周波数とチューニングが合うと自分の神社センサーが反応します。この光の周波数の違いが神様の個性となり、得意分野の違いとなるのではないかと思います。

私が戸隠神社の宝光社で神様のエネルギーのような光の玉を初めて見たときは、びっくりしていただけでしたが、その後、ほかの神社でも同じような体験をしているうちに、その光の玉の出現にはあるパターンがあることがわかりました。

賽銭箱の前で手を合わせて目を閉じていると、暗闇の中に光の玉がポッと現れるのはいつも右斜め上の奥のほう。色はオレンジ色か紫色であることが多く、たまに濃い青色でした。形は球体で鮮明な強い光ではなくロウソクの炎がともるような感じであり、中心部の色が濃く輪郭部は少しうすくなり、揺らいでいるように見えます。

光の玉は、暗闇の奥のほうからじわじわとゆっくり自分の目の前の位置に近づいてくるにつれて大きくなります。やがて、眉間へ溶け込むように入っていくというパターンです。

一人ひとりご縁のある神様が違うので、あなたが感じる色についてはこのパターンではないかもしれません。

面白かったのは、一つの社殿に二柱の神様が一緒に祀られていた場合、二つの光の玉が並んで現れたことです。

一方、自分とはチューニングが合わないときや神様がお留守のときには、光の玉はまったく見えません。

光の玉が見えた神社でほかに起きた現象は、手を合わせていると左右の手のひらがSN磁石のように強く吸いついて右手から左手へエネルギーが流れていくような感覚になったことです。

もう一つの現象は、神様のエネルギーが格別に強い神社へ行ったときだけ起こるのですが、身体の中に直接エネルギーが入ってくるような感覚になります。最初は背中がむずむずしてきて、やがて背骨がビリビリと細かく振動しているように感じ、背中が温かくなります。

さらに稀にですが、手を合わせて祈っているときに社殿のほうへ身体が引き寄せられたり、身体が後ろにのけぞったりすることがあります。どちらも強い力がかかるのではなく、神様の呼吸に合わせて軽く揺れるようなイメージです。

いずれにしても、このような体験は神社センサーが発動する以前にはなかったことであり、体験を重ねるうちに神社にはなんらかのエネルギーが宿っているという確信をもつようになりました。

次に神社センサーが反応した神社ではどのような体験ができるのだろう、と期待がふくらみ、ワクワクしてしまいます。

あなたも神社センサーに導かれてさまざまな体験をするうちに、神社の神様をより身近に感じ、いつも守られているという安心感に包まれることでしょう。

「おいで、おいで」と信号を送ってくる御神木《ごしんぼく》

あなたは庭にある木や家で育てている観葉植物が、人の寿命を上回って生きる存在であることに気づいていましたか?

神社では樹齢数百年という御神木と出会うことがあり、その生命力を「凄いなぁ!」と誰もが感じます。

同様に家にある観葉植物も大切に育てれば、枯れることなく成長していきます。

私は大学生になってから親元を離れて一人暮らしを始めました。必要な家具と電気製品だけの殺風景な部屋が寂しく感じたので、近所の花屋で鉢を含めて高さ二〇センチほどの「青年の木」と書いてあった観葉植物を買いました。後で調べたところ、ユッカ・エレファンティペスというのが正式名称でした。このユッカは、何度か鉢を大きくしながら育てているうちに、高さがなんと二メートルを超えてしまいました。

その後しばらくして、自宅を建てた頃、部屋の中に置いておくには大きすぎたので庭に植えました。冬の寒さにも耐えて、いまでは三メートル近い高さに育っています。

改めて数えてみれば、ユッカとの付き合いはなんと四十年以上にもなるのです。ま

だまだ元気に育っているので、きっと私の寿命を越えて生きていくことでしょう。このように植物の生命力は人間をはるかに上回ります。

その生命力の源は、大地や雨や太陽から得られる「氣」と呼ばれるエネルギーなのではないかと思います。各地の神社参拝では、「氣」が溢れ出ている御神木との出会いもありました。

奈良県の丹生《にう》川上神社は下社、中社、上社の三社があり、水の神様を祀っているのが共通点です。その三社をオートバイで巡っていたときの体験談です。

神社の境内にある御神木との相性がいい場合、「おいで、おいで」と呼んでくれます。

丹生川上神社・中社の境内を歩いていると神社センサーが反応して「こっちだよ、おいで、おいで」と呼ばれているように感じる場所がありました。そこは本殿の参拝だけでは行かないような場所でしたが、ひっそりと立っている大木がありました。

木に近づくと、とても柔らかで温かなエネルギーが出ているように感じたので、しばらくそこにいることにしました。境内には注連縄をつけた立派な御神木もあったのですが、この木こそが私にとっての御神木でした。体調が良くないときには、この木から「氣」をいただくと回復するのではないかと感じました。

なお、立派な御神木がある神社は多いのですが、そのすべてに神社センサーが反応するわけではありません。**ご縁があった神社において、相性がいい御神木の場合だけ、神社センサーは反応する**ようです。

神社の境内で気になる場所があったときは素直に行ってみてください。そこにあるのは御神木とは限りませんが、いまのあなたに必要なエネルギーがある可能性が高い場所です。

そして、神社センサーが反応して特定の場所へ呼ばれたときの合図のパターンを覚えておいてください。ほかの神社へ行ったときに同じような合図があった場合は「そこへ行ったほうがいいよ！」という意味だと理解できるようになります。

余談ではありますが、私の背骨がビリビリ震えるくらい強いエネルギーを感じた御神木は、静岡県掛川市の事任《ことのまま》八幡宮の本殿に向かって右奥にある大杉でした。ここなら誰が行っても感じるかもしれません。

人の行く裏に道あり、神の山

一宮《いちのみや》と呼ばれる地域を代表する有名な神社へ正月に行くと、表参道は人で埋まり、両側には露店屋台がズラッと並んでいたりします。厳かな雰囲気は感じられず、お祭り会場へ来ているような気分になってしまいます。その賑わいが楽しくて初詣をする人もいると思いますが、ご神域に入って参拝をしているという気持ちにはなりにくい状況です。

私もそんな正月の賑わいを楽しんでいた一人ですが、神社センサーに気づいてからは大晦日に地元の一宮へ行き、一年間のお札を伝えるようになりました。年々、大晦日に参拝する人も増えているように感じますが、正月のように人でごった返すということはありません。

ある年の大晦日、一宮の表参道を歩いていると、本殿に向かって左側にもう一本の道があることに気づきました。木々に覆われた裏道という雰囲気ですが、なぜかそちらに惹きつけられます。歩いてみたいと思ったので、参拝後の帰りにその道を通りました。

苔むした道を歩いていると両側の大きな樹木の香りがしてきて、周辺の大気には神様が発するエネルギーが満ちているようでした。歩きながらゆっくり深呼吸をしていると雑念が祓われ、身心ともにすっきりしてきました。マイナスイオンの効果ともいえますが、森の中へ行ったときの清々しさとは少し違うのです。

参道は、社殿へ行くまでに砂利などの上を歩いて、足の裏から穢れを祓う場所とされています。ならば、参拝者が多い大きな神社の参道には祓われた穢れがたくさん落ちているのかもしれません。

もちろん神様のエネルギーとともに神職の方が掃き清めていますから、やがてその穢れも消えていくと思いますが、多くの参拝者が通ってから間もないときは穢れが溜まったままになります。そんな状況のときの神様のエネルギーは、参道の穢れを次々と祓いながらもプラスマイナスゼロになるくらい消耗しているように感じます。

あなたも神社の参道に並行しているような別の道を見つけたときは、歩いて比較してみてください。参道の印象の違いをさまざまな神社で感じ取る練習をすることも神社センサーの感度アップにつながります。この練習によって、日常生活においても「こっちよりもあっちの場所のほうがいいな」と気づきやすくなります。

また、神社によっては本殿の真裏まで回れる道があります。さらに、本殿の真裏にも賽銭箱が置いてある神社もありますので、そこでも参拝してみてください。裏側とはいえ、本殿の中に祀られている神様と一番距離が近い場所です。正面での参拝と比較して、印象の違いを感じてみましょう。

なお、出雲大社は本殿に向かって左側面（西側）にも賽銭箱があります。本殿西側は、神無月《かんなづき》（出雲大社にとっては神在月《かみありづき》）に全国の神々が集まってくる稲佐の浜の方角なのです。じつは本殿の中の御神体も稲佐の浜のほうを向いているので、ここでは神様の正面に向かって参拝できることになります。出雲大社を参拝した際には、本殿正面と左側面の印象の違いを感じてみてください。

神の采配か？　ナビゲーションで誘導された神社

神社へは一人でオートバイに乗って行くことが多いので、ソロツーリングになりますが、長年の友人とはお互いの走行ペースもよくわかっているので一緒に走ることもあります。

ある日、ヘルメットに新しく取り付けたオートバイ用のインカム（小型無線機）の調子を確かめるために、この友人とツーリングをすることになりました。ヘルメットに取り付けた小型マイクとスピーカーで話しながら走れるとは便利になったものです。

この日楽しみにしていたのは、静岡県の富士宮市まで行って本場の富士宮焼そばを食べることでした。

インカムで会話しながら目的地まで走って行ったところ、焼そば屋の向かい側に大きな鳥居がありました。なんとそこは有名な駿河国一宮、富士山本宮浅間《せんげん》大社でした。美しい社殿とともに富士山からの伏流水が湧き出している湧玉池《わくたまいけ》にも心惹かれる神社です。ご挨拶だけでもと思い、短時間ですが参拝させていただきました。

その後、「せっかくだから河口湖へ行こう！」ということになり、先を走る友人のオートバイのハンドルに取り付けてあるナビゲーションに目的地を入力して出発しました。

ナビゲーションは、たまに目的地から遠ざかるような道へ誘導することがあります。この日も細くてあまり使われていないような道へ誘導されて、近道なのかなと思いながら走っていると案の定、道に迷いました。

オートバイを停めて再度目的地を入力し直そうとしていたところ、またしてもすぐ近くに鳥居が見えたのです。

そこは北口本宮冨士浅間神社でした。富士山周辺には浅間神社が五社あるのですが、目的地にしていなかった二つの浅間神社へ導かれるように行りてしまったのです。「せっかく富士山本宮浅間大社まできたんだから、こっちも寄っていけ！」ということなのでしょうか。

その境内において神社センサーが反応したのは西宮本殿でした。ここには私の産土神社の神様である豊受大御神が祀られていました。やはりこの神社にはご縁があったのです。

次に神社センサーが反応したのは同じ境内にある諏訪神社でした。

諏訪神社を参拝しながら、神社センサーが反応するのはなぜなのか問いかけてみました。すると、頭の中で「天竜川」「諏訪湖」という言葉が浮かびました。天竜川の源流は長野県の諏訪湖です。諏訪湖近くの神社といえば……。

「ああ、そうか。その答えを見つけるためには、『諏訪神社の総本社である諏訪大社へいらっしゃい！』ということなんだな」とひらめきました。

このようなひらめきも次に参拝すべき神社への導きなので、素直に行動するようにしています。

諏訪大社上社本宮

そして、私は諏訪大社を巡るオートバイ旅行に出かけることにしました。諏訪大社は諏訪湖の南に二つの上社、北に二つの下社があります。その四社を参拝してみたところ、最も強く神社センサーが反応したのは上社本宮でした。

御祭神は建《たけ》御《み》名《な》方神《かたのかみ》です。『古事記』では最強の神様とされる建《たけ》御《み》雷神《かづちのかみ》と力くらべをしたチャレンジ精神旺盛な神様です。

さて、私がこの神様とつながることにはどんな意味があったのか、あなたが新たな神様とつながるときにも理解しやすいように解説しましょう。

前述したように鎮守神社の神様のお導きで戸隠神社へ向かい、宝光社においてご縁をいただいた神様からは会社のイベント事業のさらなる発展というご利益をいただきました。

その三年後に行った諏訪大社では、自分の中でふつふつと湧きあがってきていた神社の神様に関する本を書いてみたいという新たなチャレンジへの決意をすることができました。そのご加護をいただいてから本の原稿を書き始めたのです。そして、キーパーソンとなる人とのご縁を次々といただいたことで、具体的な出版へとつながっていきました。

このように、**絶妙なタイミングであなたがいま必要としている神様とのご縁をいただけるように、神社センサーが導いてくれます。**

なお、新たな神様とのご縁をいただいたからといって、すでにご縁をいただいている神様からのご加護がなくなってしまうわけではありません。

産土神社と鎮守神社の神様からのご加護をベースとしながら、新たな神様からのご加護を必要なタイミングでいただけるので、ますますパワーアップしていけるのです。

私が体験したように、神社センサーが反応した神社では「あなたは次にここへ行くべきだよ」というサインをさまざまな方法で送ってきてくれます。

そう……時にはナビゲーションを誤作動させてまで教えてくれるのです。

怖くて思わず直立不動！　天狗様が祀られる神社

神話における天孫降臨のときに神々の道案内をした神様である猿田彦命の姿は、山伏のような衣装を着ている鼻が長い白髪の大男として描写されています。

山の守り神ともいわれる天狗様も似たようなイメージがあります。

ある日、天狗様が祀られている神社にセンサーが反応したのは、とある山の麓を走っていたときでした。

山頂に近い場所に、その神社はひっそりと建立されていました。神社名をお伝えできないのは、このあと登場する天狗様に「公開してはならん！」と戒められているからです（汗）。

神社の近くにオートバイを停めてから、木々に覆われて薄暗い山道を歩いているとピリピリと張り詰めたような空気感があり、誰かにじぃーっと見つめられているような気がしました。

社殿はあまり手入れがされていないようで老朽化していました。拝殿の前に立つとさらに緊張感が高まり、全身がビリビリしてきました。御挨拶をしてから覚えたての短い祝詞を唱え始めたとき、その声が聞こえてきました。いや、正確には耳ではなく頭の中に直接響いてきた感じです。

「ごちゃごちゃとくだらん前置きを言っとらんで、いまおまえがやるべきことをやれ！」と、いきなり叱られました。短気な天狗様のようです。

「物質界の欲を認め、素直に受け入れよ！　そこが、出発点となるのだ」

私は思わず直立不動になり、「申し訳ありませんでしたー」と心の中で叫びました。

椿大神社

まだまだ未熟で俗っぽい自分では長居無用という雰囲気だったので早々に退散したのですが、ズバッと心に刺さるストレートで明確なアドバイスをいただけました。

私はこの神社参拝をきっかけとして、三重県鈴鹿市にある猿田彦命が祀られている椿大神社《つばきおおかみやしろ》へ、さらに、滋賀県の琵琶湖の畔にある白鬚《しらひげ》神社へ行くことになりました。この白鬚神社は全国にある白鬚神社の総本社であり、御祭神は同じく猿田彦命です。

椿大神社と白鬚神社を参拝してみて、天狗様が祀られている神社とはエネルギーの質が違うと感じました。猿田彦命＝天狗様ではなく、山に宿る神々の従者（眷属《けんぞく》）なのが天狗様ではないかと思います。そのご主人様が猿田彦命であれば納得です。従者は、ご主人様を見習います。だから、容姿も似たのではないでしょうか。

でかっ！　目の前に動く龍雲出現！

神様からいただいたご利益へのお礼を伝えるために、戸隠神社でご縁をいただいた宝光社を再び訪ねることにしました。今回は宝光社のすぐ近くの宿坊《しゅくぼう》（参拝者用宿泊施設）に一泊することにしました。

参拝した日がたまたま祈年祭と呼ばれる五穀豊穣をお祈りする行事の日で、地元の氏子の皆さんとともに神楽奉納に参加できることになりました。「たまたま」と書きましたが、この祈年祭に参加できるように宝光社の神様が取り計らってくれたようです。

参拝していると、氏子の皆さんがちょうど本殿に入っていくところで、その中にいた一人のおじいさんが私に声をかけてくれました。

「そこで入りたそうにしてないで、こっちへお越しなさい」

まさに、神様から声をかけられたようでした。

私は嬉しくて頭を何度も下げながら、おじいさんへ心からお礼の言葉を伝えました。

初めて本殿の中に入らせていただくと、御神体が鎮座されている場所の扉が目の前にありました。

その扉は、宮司さんの「おーーーーーー」という重低音の声とともに開けられます。この掛け声は警蹕《けいひつ》と呼ばれ、神様に対して失礼がないように注意喚起をするという意味があるそうです。そして、扉を開閉する間は頭を下げて扉の中を見てはいけないことになっています。

扉が開いてから頭を上げると、私は鳥肌状態を通り越して全身の皮膚の毛穴が一斉にボワッと開くような感覚になりました。

続いて宮司さんの祝詞《のりと》を聞いている間、その開かれた扉の中から発せられているエネルギーをシャワーのように浴びた私の身体は、心地良く感電しているようにビリビリしていました。

その後、氏子の皆さんが演じる「天の岩戸開き」をテーマにした神楽舞を堪能させていただき、祈年祭が終わったときには、すっきりと浄化された身体に新たなエネルギーがチャージされたようでした。

翌日は、早朝から奥社へ向かいました。参道の中間地点にある随神門《ずいじんもん》をくぐると、そこはやはり別世界。巨大な杉並木に囲まれた参道を歩き、九頭龍社の前にきたときに神社センサーが反応しました。

ここに祀られている九頭龍大神は戸隠山を守っている龍神であり、山系龍神の中でナンバーワンのパワーをもっているといわれています。

今回、九頭龍社で神社センサーが反応するのはなぜだろうと思った瞬間に、空が気になり見上げました。

綺麗な青空の中、戸隠山の山頂付近にひと固まりの雲があります。その雲を見つめていると、むくむくと動き出し、形が変わっていったのです。

「あれ、あの雲、へんな動き方するなぁ」と思いながら見ていると、動物の頭のような形が見えてきました。なんと、次の瞬間その雲は巨大な龍の頭部の形になったのです。

龍は、私を睨みつけながら首を少し傾けると、突然ぐわーっと大きな口を広げました。

「うわっ、なんだ、なんだ……あれは、龍なのか？」

私は驚きと興奮で写真を撮る余裕なんてありませんでした。目を離さず見つめていると、やがて雲は崩れて薄くなり消えていきました。

本の巻頭に掲載した両手を広げる龍雲の写真は、この翌年に戸隠神社へ行ったときに写したものです。驚いてしばらく眺めていたため、撮影したときには龍の姿が薄くなっていました。最初は頭部の形や手もくっきりしていて、その巨人さに圧倒されました。

ぐわーっと口を広げた龍は、この写真よりも近い距離で見たので、「でかっ！　コワっ！」と感じて、尻もちをつきそうになったほどです。

こんなことを書いていると自分がもはやスピリチュアルすぎて、現実主義者だなんてとてもいえませんね。そこで、この現象を私なりに分析してみたいと思います。

龍のような形をした雲を見たという人は少なくないようですが、たまたま龍のように見えただけなのかもしれません。龍の形の解釈も人それぞれで、単に細長い雲でも龍のように見えます。しかし、明らかに周りの雲の動きとは違い、その場所の雲だけ急激な動きを見せたのが今回のケースです。

その場所で雲が発生するという意味では、飛行機雲に似た原理が働いている可能性があります。飛行機雲は、飛行機のジェットエンジンの排気が空気の渦巻きを発生させて気圧と気温を下げるため、空気中に含まれる水分が氷の粒になり発生します。龍はジェットエンジンと同じような空気の渦巻きを発生させるエネルギー体なのかもしれません。

さらに、龍は自然界を司る力をもつとされていますので、そのエネルギーは膨大であり、空を移動すると残像のように雲が現れるのではないでしょうか。

今回のように目の前で動く龍雲は初めてですが、龍のような形をした雲は何度か見たことがあります。そこに共通しているのは、山もしくは川や滝があり自然が豊かな場所だったことです。

また、全国の神社に祀られている龍の絵の特徴が共通であるように、各地で先人達が見てきた龍というエネルギー体の姿には同じ特徴があったようです。

ふと空が気になって見上げる。そのとき見える雲の形や変化に集中してみる。そこに何を見つけ、どんなメッセージがあるのか感じ取る。そんな体験も、神社センサーの感度を向上させてくれます。

さて、私が神社参拝で体験したさまざまな現象を紹介してきましたが、いかがでしたでしょうか？　あなたもこれからどんな体験ができるのだろうかとワクワクしてきませんか？　このワクワク感があるから、神社参拝はやめられません。神様への畏敬の念を抱きながらも神社参拝を楽しんでいるうちに、あなたの神社センサーが反応したときの合図も明確になっていきます。その合図を活用して、さらにワクワクする神社探求の旅に出かけましょう！

狛犬カフェ(2)
ティーブレイクコーナー

鳥居は天という字を表す玄関扉

神社の鳥居はなぜあるのか知っていますか？　じつはいまだに明確な答えはないらしく、神様に仕える鳥の留まり木、ご神域の目印、結界となる門などさまざまな説があります。

神社の鳥居を見ていて気づいたことは、その形が「天」という字に似ているということです。「天」は横棒二本、縦棒二本で構成され、縦棒二本が横に開くと鳥居の形になります。縦棒二本は人という字なので、人が心を開くことで鳥居の扉も開くイメージが浮かんできます。

さらに、「開」という漢字の中には鳥居のマークが入っていることをご存じでしたでしょうか？

「天」は横棒２本、縦棒２本で構成され、縦棒２本が横に開くと鳥居の形になります。「開」という漢字の中には鳥居のマークが入っています。

「天」という字を見つめていると、鳥居から先はまさに天とつながる空間であり、鳥居はそこへつながる門の扉を開いてくれている場所だと感じるのです。

こう考えると鳥居の前では「敬意をもって真剣にお参りすべし！」という気持ちが湧いてきませんか？

なお、神社の駐車場が鳥居の先の参道近くにあると、鳥居をくぐらずにそのまま社殿へ行ってしまうこともあると思います。

しかし、ほかの人の家を訪ねる場合、まずピンポンして玄関から入り、「お邪魔します！」と挨拶をするはずですよね。

天とつながる空間である神社へ入るのですから、面倒臭がらずに鳥居という正面玄関から一礼をして入りましょう。帰るときも参道からはずれる近道を通るのではなく、入ってきた鳥居から出て、もう一度社殿のほうへ振り返り、一礼をしましょう。神様も礼儀正しい人のほうが応援したくなると思います。さらに、神様の従者である狛犬からも好かれます。

第4章

神社センサーの感度を上げる二十一日連続参拝

この章では神社センサーの感度を上げるための有効な手段として、私が体験した二十一日連続参拝の具体的な方法を紹介します。二十一日連続参拝は、神社センサーが反応したときの合図のパターンがわかってきた時期に、その感度をさらに上げることができます。合図のパターンがまだわからないという場合にも、合図に気づけるきっかけとなりますので、ぜひチャレンジしてみてください。

二十一日連続参拝って何？　どんなメリットがあるの？

「二十一日連続参拝」とは、一日も間を空けずに二十一日間連続で同じ神社に参拝する開運法とされています。

なぜ二十一日なのか？　疑問に思ったので考えてみました。

一週間は七日間。七日×三＝二十一日。七はいろいろな物事の基本単位であり、「七福神」の七も福がまとまる際の単位といえます。三は三位一体という言葉があるように、魂・精神・肉体の三つが一つになり満ち足りることを意味する数字です。すなわち、自分の人生の柱となるような指針がまとまり、魂・精神・肉体の三つにおいて満ち足りるために必要な期間が二十一日なのではないでしょうか。

参拝するのは産土神社がおすすめですが、遠くて毎日行けるような場所ではない場合は鎮守神社でもかまいません。

二十一日間続けるためには、予定が一日中入っているような日が含まれない期間を選んで、時間がかかったり遠出したりする予定を入れないようにしましょう。

この参拝の目的は、ご縁のある神社とのつながりを深め、日々ご加護をいただいていることに気づき感謝することです。すぐに行ける場所にある神社とのご縁を深く強くしておけば、いつも守られているという安心感のある生活を送ることができます。

二匹の蝶が巫女《み》《こ》さんのように舞ってくれた日

私は仕事の予定があってもその合間に行ける鎮守神社で二十一日連続参拝をしました。

小さな神社なのですが、鳥居、参道、杉並木、手水舎、狛犬、拝殿、本殿、摂社、末社が揃っています。

初日は拝殿の前でこれから二十一日間毎日参拝する予定であることを伝え、無事二十一日間続けられるように祈りました。

天気、風の変化、聞こえてくる音、香りなど、感じ取れることに意識を集中していましたが、最初の1週間は何事もなく穏やかな参拝が続きました。

八日目は時間もあったので、いつもより長めに滞在してみることにしました。快晴で温かく、風もそよそよと優しく流れる気持ちの良い日でした。

拝殿の前でくつろいでいると二匹の黄色い蝶が近づいてきました。すると、その二匹の蝶は私の身体の周りを三十秒くらい仲良くグルグルと舞ってくれたのです。蝶がたまたま近くにくることはあっても、身体に触れそうなくらい近くで二匹の蝶が舞っているという体験は初めてです。まるで神社の巫女さんが舞っているかのようでした。

ある日は、スズメより少し大きく尾の長い鳥が拝殿正面の屋根の上に留まり、逃げることなくじっと私のほうを見つめてきました。お互い見つめ合うような状態になりました。その鳥が神様のお使いとして歓迎の挨拶をしにきてくれたように感じて嬉しくなりました。

風、音、香りで歓迎されているように感じたことはほかの神社でもあったのですが、昆虫や動物から感じることは初めての体験でした。

このような嬉しい出来事があった二週目は、一週目よりも神社の神様に歓迎されているように感じました。

そして、三週目になると拝殿で神様に伝えたい内容が変わってきました。「こうしたい」「こうなりたい」という願望は私にもあるので伝えていたのですが、十五日目を過ぎた頃から「願い事はいう必要がない！　そんなことよりも、今日もここへ参拝できたことへの感謝の気持ちだけを伝えたい！」という思いが満ち溢れてきたのです。いたってシンプルに、神社参拝ができる日常生活と健康な身体があることがありがたく、ただただ感謝しかありませんでした。

また、願いが消えると同時に雑念も消えて、頭の中がきれいに掃除されたような感覚になりました。神社で感謝の気持ちだけになったときは、日常的にあれこれ考えていていることも忘れて、頭に中に余裕空間ができるのです。

すると、神社センサーの感度も上がり、神様からのサインといえる現象にも気づきやすくなります。

思考で混雑した頭の中は満員電車と同じです。参拝中は思考することをできるだけ減らして神様のための座席を空けておきましょう！

このような気づきの中で二十一日目の参拝を終えたときの清々しさは、いまも忘れることができません。まったく予定のない日は少ないと思いますが、仕事へ出かける前や昼の休憩時間など、短時間でもかまいませんのでチャレンジしましょう！

きっと、あなたならではの不思議な体験や新たな気づきがあると思いますよ。

神社絵日記を描こう！

神社センサーの機能に慣れてからは、たまたま視角に入るものや聞こえてくる音、さまざまな自然現象が神様からのサインだと気づいたり、人を介して神様からの具体的なメッセージを伝えられたりする経験が増えました。

しかし、神社センサーが発動したばかりの頃の私は、神様からのサインといえる現象が起きても単なる偶然だと思い、すぐに忘れてしまうことが多かったのです。

そこで、二十一日連続参拝中に気づいた神様からのさりげないサインを記録しておいて、後でその意味を探ることができるように、「神社絵日記」と「身体図日記」を描いておくことをおすすめします。

神社絵日記例

参拝時に用意するものは、B5かA4サイズくらいのノートと筆記具だけです。

なお、参拝中はスマートフォンを含む携帯電話が鳴って気が散ったりしないように、電源をオフにするか電波の送受信ができない機内モードにしておきましょう。神社センサーが誤作動しないようにするためにも有効です。

では、実際にどのように描いたらいいのか、私の「神社絵日記」と「身体図日記」を参考例としてご覧ください。

〔神社絵日記〕

紙に神社の大まかな配置図を描き込み、どの場所でどんな現象があったか記入します。

5月1日　晴れ　10：00～10：40

参道を歩いていると、目の前にどんぐりが落ちてきた。
拝殿で手を合わせていると、本殿のほうから自分に向かって風が吹いてきた。
その風で御幌《みとばり》が自分のほうに向かって舞い上がった。
二匹の黄色い蝶が飛んできて、自分の身体の周りを舞いだした。
鳥が飛んできて、拝殿の屋根の上に留まった。
陽光が身体を温めてくれて、気持ちが良かった。

〔身体図日記〕

紙に自分の身体の絵を描き、どの部分でどんな感じがしたかわかるように記入します。

感じたり見えたりしたものの形、色、温度、香り、心地よさなどの印象も書いておきましょう。

さらに、神社参拝後、同じ日に自分に起きた事や気づいたことがあれば、記録しておきましょう。

身体図日記例

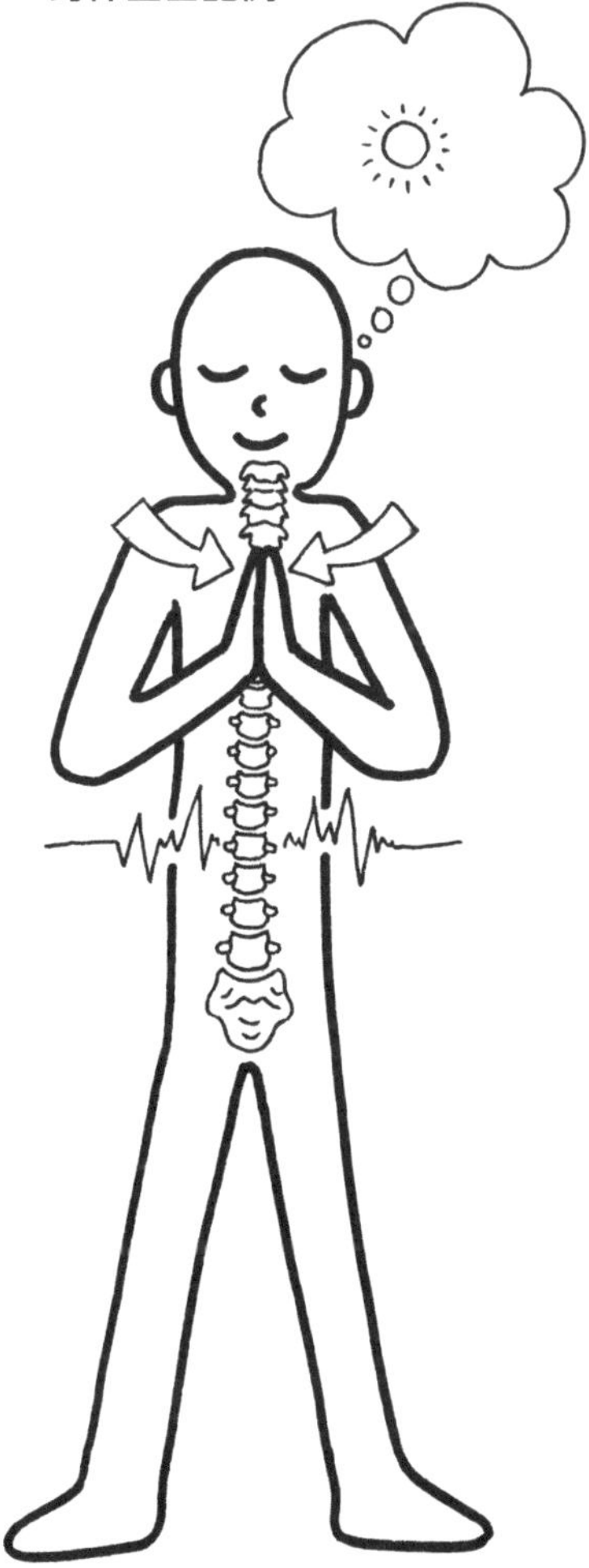

5月1日　晴れ　10：00〜10：40
拝殿で手を合わせていると、背骨がビリビリと振動しているような感覚になった。

やがて、背中がぽかぽかと温かくなってきた。

合わせている手のひらが強く吸いつくように感じられた。

目をつぶっていると、暗闇の中に紫色の小さな光の玉がぼんやりと浮かんでいるのが見えた。

神様からエネルギーをいただいているようで畏れ多く、ありがたい気持ちになった。

このように二種類の日記を毎日書いておくと、二十一日間での変化がよくわかります。

また、参拝中になんらかのエネルギーを感じたり、言葉が響いてきたりしたら驚くと思いますが、そこでのポイントは神様への問いかけです。

なぜそんなものが見えたり、聞こえたり、感じたりしたのかを質問してみてください。すぐに返事がきたとしたら……あなたはすでに特殊能力者です!!

すぐに返事がくることは滅多にありませんが、毎回質問していると後日、間接的な方法で「ああ、これが神様からの返事なんだな」とわかるときがきます。それはテレビを観ているとき、雑誌を読んでいるとき、あるいは友人と雑談をしているときかもしれません。

なお、神社で感じた印象を日記に書いて覚えておけば、それが自分の中での一つの基準となり、ほかの神社へ行ったときに比較がしやすくなります。

この比較ができるようになると、神社によっては神様がお留守でエネルギーがないこともわかるようになります。

ただの置物じゃなかった！　狛犬と仲良くなる方法

あなたは狛犬がなぜ神社に設置されているのか考えてみたことはありますか？　狛犬と呼ばれていても獅子のようにも見えます。また、神社によっては狐、牛、鹿だったりします。誰もがなんとなく感じるのは「神社を守っている」という印象です。

私はこう感じています。狛犬は、神社が建立されて神様をお迎えしたときに一緒にやってくる従者のエネルギーが宿るための拠《よ》り所ではないかと。物理的には石像ですが、そこに宿るエネルギーは神様の役に立とうとして、日々さまざまな活動をしているのだと思います。

そんな狛犬と仲良くなる方法をお伝えします！

狛犬がしゃべったりニカッと笑ったりしたと感じたら、自分がおかしくなったんだと思いますよね。ましてや他人にそんなことを話すと、思い込みが激しい変人と思われてしまうかもしれません。そう思われることは覚悟のうえで話しますが、二十一日連続参拝を始めて数日経った時期に「あの人また来たな」、二週間を過ぎた頃には「毎日続けて感心だな」、最終日には「これからも歓迎するよ」と言われているように感じました。

　連続参拝中に意識していたことは、友人のように親しみを抱きつつも、丁寧に挨拶することです。

　また、相手と仲良くなるには自己紹介をして、名前で呼び合ったほうがいいと思いました。そこで、狛犬の口の開け方が「阿《あ》吽《うん》」の形であることから、向かって右側の口を開けている狛犬を「あーさん」、左側の口を閉じている狛犬を「うんさん」と呼ばせていただくことにしました。

神明宮の狛犬「あーさん」

神明宮の狛犬「うんさん」

参拝するたびに名前を呼ばせていただき、挨拶をします。正直、心の片隅では狛犬に名前をつけて挨拶している自分を「変なおじさん」だと感じていました。

連続参拝が二週間を過ぎた頃、狛犬と会話するときのコツがわかってきました。それは同時に双方で話すことができる電話ではなく、片方ずつ交互に話すトランシーバーを使う感覚をイメージすることです。トランシーバーを使うときは、まず電源を入れてお互いのチャンネル(周波数帯)を合わせて送受信できる状態にします。次に、自分から話したいときはトークボタンを押します。あなたが話しても相手の声が返ってくるとは限りません。相手が何か伝えたいと思い、トークボタンを押してもらう必要があるのです。このイメージを神社にいるときの状況に当てはめてみましょう。

トランシーバーの電源が入るのは鳥居をくぐるときです。これからご神域に入らせていただくという畏敬の念を込めて鳥居の前で一礼をします。

次にチャンネルを合わせるつもりで狛犬に親しみを込めて挨拶します。挨拶は声に出さなくても大丈夫です。周りに参拝者がいると怪しい人だと思われます。

トークボタンを押して話すときは、どちらかの狛犬と目線を合わせて、聞いて欲しいことや教えて欲しいことがあると伝えます。大切なのは、話したいという意志を明確に伝えることです。

話かけるときも声に出さなくて大丈夫です。周りに参拝者がいるとさらに怪しい人だと思われます（笑）。

すぐに狛犬もトークボタンを押して返事をしてくれる……そんなことは期待しないでください。狛犬はあなたの声が聞こえたとしても、それに必ず答えるわけではありません。

狛犬にも自由意思がありますから、返事がくることを信じて待ちます。参拝するたびに挨拶をしながら話しかけます。最初は返事があったような気がぼんやりとしてきます。諦めずに続けていれば、狛犬がトークボタンを押してくれる日がきます。

反応がないことでイライラしたり、同じ日にしつこく話し続けたりはしないでください。しつこい奴だと嫌われてしまっては、返事が期待できません。

参拝の帰りに鳥居をくぐった後、再び狛犬がいる社殿のほうを向いて一礼することでトランシーバーの電源はオフになります。

なお、全国の神社を参拝してわかったのですが、狛犬にも個性があり、無邪気で明るい子どものような狛犬、厳格で無口な狛犬、楽観的でおしゃべりな狛犬などさまざまです。

「こいつ何者だ！」と身構えられる、「よく来たな、嬉しいぞ！」と歓迎される、神様がお留守のときに結界を張って睨みを利かせているなど、参拝したときの反応もさまざまです。

また、狛犬との相性もあります。あなたとの相性がいいと、トランシーバーのチャンネルは合わせやすくなります。

狛犬の返事は言葉とは限りませんので、伝わってくる印象が歓迎ムードか拒絶ムードかを感じることも大切です。

話しかけてもらえたときは、狛犬の言葉づかい、声の高低や大きさの違いも感じてみてください。

通常、周りの人の声は音波という空気の波を起こし、その波が耳の穴に入ることで鼓膜を振動させます。その振動が鼓膜の奥にある内耳《ないじ》という器官で電気信号を発生させて脳に伝わります。一方、私が聞こえるときの声は、耳から聞こえるのではなく脳に直接伝わるような声です。狛犬が発している電波は、直接内耳に届いて電気信号を発生させるのかもしれません。

なお、神社の神様がなんらかの電波を発していることは神社センサーが反応するとわかるのですが、具体的な言葉としてメッセージが伝わってくることはほとんどありません。神様と話すには、やはり特別な能力が必要なようです。

神様よりもその従者である狛犬のほうが、チューニングを合わせやすい周波数帯で話しているように感じます。

以上、私の体験で気づいた狛犬と仲良くなる方法ですが、あなたも神社で出会った狛犬に対して、「仲良くなりたい」というアプローチをしてみてください。その際に大切なことは、半信半疑ではなく真剣に狛犬と対話したいという気持ちです。また、狛犬は神様のお手伝いをする従者としての役割を果たしているエネルギーであるということを忘れないでください。親しみを込めて話しかけながらも、神社の神様と同様にありがたい存在として接するようにしましょう。

なお、私が一番仲良くしてもらっている狛犬はこんなメッセージをくれました。

「神様が本当に喜ぶのは、そこへ来るべき人が来るべきタイミングで参拝することなんだよ。だから、神社の神様があなたのために発している電波をキャッチしてほしいんだよ」

あなたもご縁のあった神社の狛犬と仲良くなれますように！

狛犬カフェ(3)

ティーブレイクコーナー

狛犬との会話エピソード

多くの神社では一対の狛犬が阿吽の口の開け方で神社の入り口のほうを向いていますが、浜松市の有玉神社ではお互いが参道を挟んで向き合っていました。まさに見つめ合っている感じです。

しかも、阿吽の口の開け方の場合、向かって左側の狛犬は口を閉じているのですが、この神社の狛犬は両方とも口を開けていました。

「珍しいですね。どうしてお互い口を開けて向かい合っているのですか?」と質問してみると、耳からではなく頭の中で言葉が響きました。

「我ら夫婦《めおと》なり。いつもお互いを見ていたいし、話していたい。だから向かい合って口を開けている」

この回答には「なるほど!」と納得しました。

そして、なぜか右側の狛犬に引き寄せられます。その狛犬の正面に立ったとき、股間に膨らみを見つけました。振り返って左の狛犬の股間を見ると膨らみはありません。右が夫、左が妻だと教えてくれたようです。

すると「この夫婦の絆が、この場所の結界となる」という言葉が響いてきました。

神社によって狛犬にもいろいろな事情があることを知り、その狛犬たちをとても微笑ましく身近に感じました。

向かい合う有玉神社の狛犬

有玉神社の雄の狛犬

第5章

日常生活で五感を磨く方法

神社センサーはなぜ発動したのか？

そもそも、なぜ私の神社サンサーは突然発動したのか？　その理由について思い当たることは、私がオートバイに長年乗り続けていたからです。

オートバイ走行では、さまざまなリスクを回避するために五感を使っています。前方もしくは横を同じ方向へ走る車との距離や右折の際に対向車がどのくらいのスピードで近づいてきているかを目で見て確認します。後方から近づく車はサイドミラーでの確認のみならず、そのエンジン音の大きさで車間距離を予測しながら走行します。

また、車の排気ガスや工場などからの不快な臭いを感じるときは、口の中でも苦味を感じるので、なるべく吸い込まないようにしています。

あなたも自然が豊かな場所へ行ったとき、「空気がおいしい！」と感じたことがあるかと思います。それは、嗅覚と味覚を同時に使っているから得られる感覚です。

さらに、空の雲行きだけでなく風に含まれる湿度や気温の変化を皮膚で感じ取り、そろそろ雨が降り出しそうだなと思ったときは、早めにレインウエアを着ます。

このようにオートバイライダーは五感を使ってリスクを回避しながらライディング

を楽しんでいます。しかも、五感による情報を一つずつ順番にキャッチするのではなく、目まぐるしく変化していく状況の中で同時にキャッチしているのです。

なお、複雑な運転操作を組み合わせてスムーズな走行ができるように身体機能もフルに使っています。右手はスピードを調整するアクセルと前輪ブレーキ操作、左手はクラッチとウインカー操作、右足は後輪ブレーキ操作、左足はギアチェンジ。さらに、両腕でのハンドル操作とともに腰から上の体重を移動させることで車体を傾けて左右に曲がりやすくします。

文章にしてみると、こんなバラバラな動きを同時にできているのは凄いと思われるかもしれませんが、慣れてくれば一つ一つの操作を意識しなくても自然と身体が反応するようになります。

このようなオートバイ走行を長年続けていた私は、五感から得られる情報を融合分析した状況把握や身体的な反応のスピードが速くなっていることがわかりました。

車や自転車の予想外の動き、見えていない物陰に人がいる気配なども予測して、身体が即座に反応します。

いわゆる直感やひらめきに近い予測が、リスクを回避してくれるのです。

一般的には、車もオートバイもリスク回避のために緊張した状態で運転しています。しかし、五感から得られる情報の融合分析がとても速くなった私は、走行中にも関わらずリラックスしていて精神的な余裕がありました。

このとき、五感の延長線上にあるもう一つのセンサーの回路とつながり、新たな感知機能が発動したのです。

私の神社センサーが発動した理由がオートバイ走行中の五感の使い方だったとすると、神様センサーを発動させるためには、五感で捉える情報をより細やかにすばやくキャッチする必要があります。

しかし、「オートバイに乗らない人はどうすればいいの?」という疑問が湧いてきます。そこで、オートバイに乗らない方でも日常生活の中で五感を磨ける具体的な方法を解説したいと思います。

「目玉洗い」と「鼻の気道洗い」は禊《みそぎ》だった!

オートバイでツーリングに行くと排気ガスなどの影響で目と鼻がむずがゆくなることがあります。そんなとき、私が行うのは「目玉洗い」と「鼻の気道洗い」です。

『古事記』には黄泉《よみ》の国から戻った伊弉諾尊《いざなぎのみこと》が川や海の水で目や鼻を洗うと尊い神々がお生まれになったと書かれているように、目と鼻の洗浄は一種の禊として正常な機能を取り戻してくれるように感じます。

私が目玉洗いをする際には、うがい用の軽いプラスティック製のコップを使います。コップの中に浄水器で塩素を除去した水をなみなみと注いで、その中でまばたきをした後に瞳に水を流し込むようにして洗っています。洗眼専用のカップや洗眼液も販売されています。あなたのやりやすい方法で行いましょう。

なお、目の炎症などの症状があるときは行わないでください。

鼻の気道洗いには小さなマヨネーズ容器のようなアレルギー性鼻炎用の鼻洗浄器を使用しています。鼻洗浄器は薬局やインターネット通販で手に入ります。鼻洗浄器の中に入れる水は、一度沸騰させて温度が下がったぬるま湯に塩を入れて作ります。その塩分濃度など詳しくは鼻洗浄器の使用説明書で確認してください。なお、鼻やのどに炎症などの症状があるときは行わないでください。

オートバイに乗らない方でも日常的に汚れはついて溜まっていきますから、定期的に目と鼻を洗って感知機能を回復させるようにしましょう。

自分の目を監視カメラのように使ってみよう！

視覚センサーの感度アップのためには神社参拝のときに空から地面まで、視界に入るものをすべて認識して、気になる場所を見つける練習をします。

まずは、いま目に見えているものは何であり、どんな状況かをその場でゆっくり身体を一回転しながら一つ一つ観察します。リラックスした状態で自分の目が監視カメラのような機能を持ち、撮影しているイメージで行うのがコツです。たとえば、「青空には小さな雲のかたまりが三つ浮かんでいる」「木の枝にカラスが留まっている」「注連縄についている紙垂《しで》が風で揺れている」「右側の狛犬は木陰にあり、暗く見える」「参道に落ち葉が溜まっている」という周辺の状況を把握していきます。

そして、三か所くらい場所を変えて一回転した後、一番印象に残っている気になる場所はどこだったか分析してみてください。もし、一か所だけ急にピントが合って、その周りがぼやけて見えることがあれば、そこに注目してください。

最終的に絞り込まれた場所に小さな摂社があったり、御神木があったり、狛犬が居たりとさまざまだと思います。そこはあなたが視覚を通じて無意識下で何かを感知した場所です。

気になる場所が「狛犬」だったときは、あなたに伝えたいメッセージがあるのかもしれません。その近くでしばらく時間を過ごしてみてください。

「御神木」だったときは、木が発している温かなエネルギーを感じてみてください。

なお、明らかに「空に浮かぶ雲」が気になったときは、身体の回転を止めてしばらく雲の形の変化を見ていてください。

私は視覚的に御由緒書がある場所へ惹きつけられたときがあったのですが、そこへ行って御祭神や歴史の説明を読むことで、次に参拝すべき神社に気づかされたことがあります。

このように、あなたに必要なご利益を与えようとしてくれる神様は、さまざまな方法でサインを送ってくれるのです。

また、この練習をしていると景色全体を把握して気になる場所を絞り込むスピードが速くなっていきますので、車やオートバイを運転するときのリスク回避においても役に立ちます。

朝の光の中でこそ見えてくること

黄金色の朝の太陽の光が部屋の中にあたると、蛍光灯の光では気づかない細かい埃や汚れがよく見えます。掃除機で埃を吸い取り、雑巾をかけるにはこの時間が最適です。

光のあたり方によって埃や汚れが見えたということは、**人がふだん視覚で感知しているのは、そこに存在するものの一部の情報でしかない**ことを教えてくれます。

神社参拝においても、天気や時間帯によって太陽の光の特性は異なりますから、境内で起きる現象の見え方に違いがあります。たとえば、早朝の太陽の光が満ちている雨上がりの日は、大気中の水蒸気の粒子が太陽の光を反射して輝き、その粒子が風に乗ってさまざまな動きをしているのがわかります。自然の中に在るすべての生命が微細なエネルギーを発しているかのように輝き、木々の葉の一枚一枚の輪郭もうっすらと光っているように見えます。いままで見えていなかったことに気づくのもこんな瞬間なのです。

早朝の神社は参拝者も少ないため、気兼ねなくリラックスできます。視覚で感知できる情報が増えることで新たな発見をしながら、視覚センサーの感度をアップしましょう！

音だけで周りの状況がわかる聴覚センサー

聴覚センサーの感度アップのための練習方法は、さまざまな場所で目を閉じて、聞こえてくる音だけで周りの状況を把握することです。人の足音、話し声、車のエンジン音、鳥の鳴き声、風の音などの情報だけで周りの様子を映像化してみましょう。

たとえば、「コツコツというテンポが速い足音だから女性が急いで歩いているな」「近くで二羽の鳩が鳴いているな」「風で木の葉がざわめいている」「葉が多そうな音だからかなり大きな木があるな」という感じです。

簡単にどこでも練習できて、映像化した後に実際に目で見て確認し、答え合わせをするのも楽しいです。

この練習によって、「人間は音だけでとても多くの情報を得られる」ということを再認識できます。

オートバイに乗っているときは、音での状況把握もリスク回避のためには重要です。後ろから聞こえてくるエンジン音で大型トラックが近づいていることやオートバイが速いスピードで近づいてきていることもわかります。

また、大雨の後で地鳴りや石と石がぶつかる音を聞き、急いで家から離れたことで土砂崩れに巻き込まれずに済んだ、というようにさまざまな災害時に音から得られる情報で助かったという話を聞きます。

このように音を映像化する練習は、日常でのリスク回避にも役に立ちます。

聴覚センサーを敏感にしておくためにもう一つおすすめなのは、ふだん聴いている音楽の種類を耳に優しい振動を送るものにしておくことです。

刺激の強い大音量の音楽に慣れてしまうと、わずかな振動音に気づきにくくなるからです。

私は産土神社を見つけたときに拝殿で流れていた雅楽の印象が強く残っていて、その心地よかった境内での記憶を呼び起こすために部屋でも雅楽のCDを聴いています。

雅楽の演奏で使われる伝統的な和楽器の音は、部屋の中の空気をスッキリ浄化してくれるように感じます。神社でのお祓いの際にも雅楽を流すのは、空間の浄化のためなのかもしれませんね。

キンモクセイの香りの発生場所を見つける嗅覚センサー

嗅覚センサーの感度アップのためには、臭いや香りの発生源が何であり、どこから流れてきているのか分析する練習をしましょう。

たとえばキンモクセイの花の香りを感じたとき、すぐ近くにあるのか少し離れた場所から漂ってきているのか、その方向はどっちかを嗅覚センサーで探ります。

目をつぶって嗅覚だけに意識を集中させる方法がおすすめです。

後でその予測が正しかったか周りを探って確かめてみてください。

この練習は、ふだん何気なく嗅いでいる臭いや香りの発生原因や発生場所を迅速に把握することにつながります。

私はオートバイでの走行時に、車の排気ガスだけでなく、畑の近くを漂う撒いたばかりの農薬や除草剤、工場から排気されている化学物質などの臭いを感知します。そんなときは息をしばらく止めて、そこから迅速に離れるようにしています。一方、草木や花の香りを感じるとスピードをゆるめてその香りを楽しみながら走ります。

また、ほのかな香りの違いを嗅ぎ分ける練習も嗅覚センサーの感度をアップしてくれます。その練習法の一つとして、香道《こうどう》という天然香木の香りを鑑賞する芸道があります。香道ではさまざまな香木を熱したときの香りを嗅ぎ分ける遊びをします。白檀《びゃくだん》や伽羅《きゃら》などの香りの違いを知り、その印象を記憶しておくことで、「あっ、これはあの香りだ！」と嗅ぎ分けることができるようになります。

お線香の香りでも同じような練習ができますので、何種類か用意して、箱に記載されている名称を見ずに嗅ぎ分けられるようになるか、チャレンジしてみてください。

危険は苦味が教えてくれる!

味覚センサーの感度アップのためにまず大切なことは、神社の手水舎で口元を洗い清めるように、口の中を常に清潔な状態にしておくことです。

毎食後の歯磨きはもちろんですが、味を感じるのは舌にある味蕾《みらい》という感覚器官なので、舌磨きもたまにはしましょう。

味蕾は細胞でできていて、甘味、うま味、塩味、苦味、酸味という五種類の味の受容体をもっています。なかでも苦味の受容体が最も敏感です。微妙な苦味の違いを感じ取れるのは、生存していく上で毒が含まれる可能性がある食べ物を苦味で判断するためだという説もあります。

そこで、味覚センサーの感度アップのためには、苦味の違いを感じ取る練習をします。緑茶のカテキン、コーヒーのカフェイン、ビールのイソフムロンなどの異なる苦味成分がありますが、飲んでいるときにそれぞれどんな苦味として感じるのか言葉にしてみましょう。

また、ゴーヤ、ピーマン、カカオが多いチョコレートなどの苦味成分が異なるものを食べ比べてみたときの印象の違いも言葉にしてみましょう。

焦げたような苦味、酸味がまじった苦味、優しくほんのりと感じる苦味など区別ができることに気づきます。

いくつかの苦味の違いを認識しておくと、いままでにない苦味を感じたときに気づくことができます。時として、それは毒だから危険だというシグナルになるのです。

その最も顕著な例は、ロシアのチェルノブイリ原子力発電所の事故で消火活動をしていた消防士が口の中で鉄のような金属の苦い味がしたと証言していたことです。口の中で苦味を感じる味覚センサーが、強い放射能を感知して身の危険を教えてくれていたのです。

五感の中で最も感知分野が多い触覚センサー

お酒を飲んだ人が近くに来ると、なぜ酒臭いと感じるのでしょうか？　じつは、口から吐き出されている息の臭いだけでなく、全身の皮膚から出ているアルコールガスの臭いも感知しているからです。

皮膚からのガスの放出があるように、人はわずかながら皮膚呼吸もしていて、皮膚の細胞に酸素を供給しています。さらにその表面には触覚という重要な機能があります。

それでは、さまざまな機能をもつ皮膚の触覚センサーの感度をアップする方法を紹介しましょう。

1．着る服と寝具の素材にこだわる

皮膚も呼吸していますので、その表面を覆う衣類はできるだけ天然素材で通気性の良いものがおすすめです。とくに皮膚に直接触れる下着や靴下、パジャマの素材には気を使いましょう。必ずしも天然繊維一〇〇％にこだわることはなく、化学繊維が少なめであなたが心地いいと感じる素材を身につけるほうが皮膚感覚で捉えられる情報も多くなります。

私の場合、服は綿や麻のものをなるべく多くして、ベッドシーツや布団カバーの素材も麻にしています。麻のシーツやカバーは冬だと冷たく感じるかもしれませんが、慣れるとオールシーズン快適に寝られます。

2. 風の状態を感じ取る

あなたが風を感じるのは身体のどこでしょう。気温や湿度を感じるのはどこでしょう。それらはおもに皮膚で感じています。

外を歩くとき、何気なく感じ取っていた風速、気温、湿度を一つずつ予測してみましょう。風速何メートルくらい、気温何度くらい、湿度何％くらい、とおおまかに予測してから、天気予報の風速情報や温度計、湿度計の数値と比較してみると、自分の感度が良いかわかります。

風速、気温、湿度を感じる皮膚の触覚センサーがあるから、人は状況に応じた服を着ます。そして、風が強いときは慎重に行動して身体を守ります。このように皮膚の触覚センサーは、人が生存していくうえで極めて役に立っていることを知ると、とてもありがたいセンサーだと改めて思います。

また、あなたにとって心地いいと感じたときの風は、どのくらいの風速、気温、湿度なのか、その印象を一つの基準として覚えておいてください。その基準があると神社参拝をしているときに感じる風の印象も明確になり、比較採点しやすくなります。

3. 居場所の空気感＝居心地の違いを感じる

あなたは、行った場所によって居心地のよさや悪さをなんとなく感じたことはないでしょうか？

出張先で泊まるホテルの部屋に入ったとき、ここに泊まるのは嫌だなと感じたり、引っ越しのために新しい部屋を見に行ったとき、ここには住みたくないなと感じたりした、という方は少なからずいると思います。

感じる印象は五感すべてを使って判断していると考えられるのですが、どんよりした重々しい空気を感じたとしたら、一番使っているのは皮膚の触覚センサーです。

そこで、あなたが行った場所の雰囲気を「良い」「悪い」と感じるときは、皮膚で何を感じ取っているのか確認してみてください。

空気の質感、体感温度や湿度などを皮膚の触覚サンサーが感知することで、その場所の雰囲気を把握していることに気づくと思います。

このように五感の中で最も感知分野が多い触覚センサーの感度アップは、神社センサーの発動のためには欠かせません。**五感から得られる情報の融合分析が神社センサーの発動には必要であり、その融合分析をリードしてくれるメインセンサーといえるのが触**

覚センサーだからです。

イベント現場で不審者を察知する職業上のセンサー

私は長年イベント現場での進行管理ディレクターを務めてきました。出演者、司会者、音響スタッフとの打ち合わせをして、予定時間通りにイベントを進行させることがおもな役割です。

イベントの進行管理の中でとくに重要なことは、観客の安全確保となります。そのため、イベント開催中は観客席の状況を把握しておく必要があります。子どもが危ない場所に登って遊ぼうとしているときは優しく注意し、車椅子の方が見えづらそうな場所にいるときはステージに近い場所へ誘導します。時には、酔っ払いの乱入や出演者の熱狂的なファンがステージに上がろうとするのを防ぐこともあります。

ところで、みなさんは、二〇〇七年から二〇〇八年に放送されていた「SP警視庁警備部警護課第四係」というテレビドラマはご存知ですか？　SPはセキュリティポリスの略であり、さまざまな現場でテロリストなどによる危機から要人を護る警察官が主人公でした。そのドラマの中で印象に残るこんなシーンがありました。

屋外での要人の演説会場に集まっている多くの観衆の中に不審な人物がいないかチェックしている主人公は特殊な感知能力をもち、全観衆の位置関係や動きを短時間でサーチすることができます。

自然な人の流れに逆らって動く人物や凶器を隠していそうな物を持っている人物などを一瞬で見つけ出し、要人の危機を未然に防いでいました。

この主人公のレベルには程遠いですが、私もイベント現場で視界に入る観客の把握と分析をしていたため、共感できるドラマだったのです。

目に映ることに意識を集中しているときは、音が遮断されているような感覚になります。実際には耳に音が入ってきているのですが、目の機能だけが特化して働いているように感じるのです。イベント会場の観客席をサーチし終わると耳の機能が戻り、周囲の音が聞こえてきます。その間十秒くらいですが、子どもや高齢者がいる場所を特定し、空いている席や立っている人が多い場所など、観客席の全体像を把握します。

そして、サーチ中に周りとの違和感がある動きを見つけることがあります。

ある日、屋外のイベント会場の客席に身体が微妙に揺れている人がいました。その人に近づくと、顔がほかの人よりも赤く、椅子の下にはコップ酒のような容器が置いてあるのを発見！　酔っ払いでした。

要注意人物がいることを会場の警備員にも伝えておき、大声を上げたりステージに近づいてきたりするような動きがあれば、即座に警備員と連携して会場の外へ誘導します。

このように職業上、目に映る状況を迅速に細かく把握しようとしていたことも神社センサーの発動につながったようです。

あなたも職業によっては専門的なセンサーを使っているのではないでしょうか？　計量しなくても一定量の調味料を入れられる料理人、微妙な匂いを嗅ぎ分けて香水を調合する調香師、音感が鋭いピアノの調律師など、それぞれの専門分野で独自のセンサーを使っています。このほかの職業でも長年の繰り返し作業によって、新人にはできないベテランの技があるはずです。それはあなたならではの強みであり、神社センサーの感度アップのための一役を担ってくれることでしょう。

五感を融合することで得られる新たな感知機能

感知機能が異なる複数のセンサーのデータを融合分析して、より高度な認識をすることを「センサフュージョン」と呼びます。

大量の情報をすばやく分析判断しなくてはならない車の自動運転技術もセンサフュージョンを使って開発されているようです。

人も五感で得られる情報を融合分析しながら行動していますので、センサフュージョンを使っているといえますが、本来もっているスペックの一部しか活用できていません。

神社センサーを発動させるためには、センサフュージョンによる認識力を向上させる必要があります。

そのために最も効果的な場所があなたとのご縁がある神社です。これまで解説してきた日常生活で五感を磨く方法を実践しながら、定期的な神社参拝を続けてみてください。神社の境内でリラックスしながら五感を研ぎ澄ませば、センサフュージョンが起こりやすくなります。

神様もあなたが神社センサーの反応に気づけるようになることを望んでいますから、きっとさまざまなサインを送ってアシストしてくれますよ。

第6章

神社センサーは人生の緊急時に作動していた！

私は合理的な現実主義者だと思って生きてきましたが、神社センサーが発動してからというもの、そんな自分の思い込みはなくなってしまいました。本来の自分は、スピリチュアルな世界を受け入れられる体質をもっていたのです。

じつは、過去に目に見えない世界の一端を感じる出来事があったにも関わらず、それを封印するかのように記憶の片隅に追いやっていました。そんな出来事をここで公開することで、その封印を解こうと思います。

あなたも目に見えない世界に入り込むような不思議な体験があったとしたら思い出してみてください。あのとき、神社センサーの機能が一時的に作動していたのでは？……とあなたも感じるかもしれません。

風呂場で溺死⁉ 中学時代の臨死体験

事故現場で九死に一生を得た人は、神社センサーの機能と同じような感知力を使っていたのではないでしょうか？ そう感じるのは私がこんな体験をしたからです。

それは中学二年生のときでした。寒かったので自宅の風呂場でいつもより少し熱めの湯船に浸かってくつろいでいました。

実家の浴槽は大きくないのですが、父が温泉のような雰囲気にしたかったらしく、洗い場の床面と浴槽の上部の高さが同じくらいになるように浴槽が埋め込まれている構造でした。

やがて身体が温まり「少しのぼせてきたなぁ」と感じたので、洗い場へ出ようと立ち上がりました。その瞬間、目の前が急に真っ暗になり、気を失ったため、浴槽の中に頭から突っ込むように倒れたのです。そのとき、私の頭の中では走馬灯のように幼少期から中学生までに体験した出来事の映像が一コマずつ流れていきました。しかも、ビデオで最速の早送りをしているようなスピードで映像が浮かぶのです。

まったく苦しくありませんでした。むしろ、心地よい感じすらしていました。

私はその映像を見ながら、たまたまその頃読んでいた本に「人が死を迎えるときは過去に体験したことが走馬灯のように浮かぶ現象が起きる」と書かれていたことを思い出したのです。

「自分はいま、死にそうな状況なのだろうか？　まだまだやりたいことがたくさんあるのに、中学二年生で終わってしまうのかな？　そんなのは嫌だ！　まだ死にたくない！　死んでたまるか！」そう思った瞬間意識が戻り、浴槽の底でもがきながら体勢を変えることで、なんとか頭を出すことができました。はーはーぜーぜー息をしながら「ほんとに死ぬかと思った！　助かった！」と心の中でつぶやきました。

じつは当時、この出来事を家族には話していません。真っ裸で浴槽に頭から突っ込んで死にそうになっている姿を想像してほしくなかったからです(笑)。思春期に入った中学二年生でしたからね。いまはそんな恥ずかしいかっこうで死ななくてよかったという笑い話です。

私はこの体験で、知識や情報は、時として身を助けることを知りました。死にそうになると走馬灯のように過去の映像が浮かぶという情報を知らなかったとしたら、「なんだか不思議な現象が起きていて気持ちいいなぁ」という感じでそのまま死んでいたかもしれないからです。当時は神様のご加護などまったく意識していなかったので、「なんて自分は運が良いのだ」とだけ思っていました。

さて、この体験をいまの自分ならどう思うのか振り返ってみましょう。

事前に臨死体験の情報を得ていて、それを思い出したことはラッキーだったといえますが、風呂場で気を失い、頭から浴槽の中に倒れ込んだことはラッキーなことではありません。

臨死体験の本を読んでいたことは単なる偶然でしょうか？　知識や情報を得ていなかったために同じような事故で亡くなっている人もいるはずです。私は単に運が良かっただけではなく、「こいつにはまだやるべきことがあるから生かしておかなくては……」という神様のご加護があったように感じます。そのご加護とは、自分の生死に関わるような出来事に直面したときに役に立つ事前情報だったのです。

このように当時は気づかずに使っていた**神社センサーには、日常生活での事故や仕事でのトラブルが致命的な結果にならないための知識や情報が事前に得られるという防御機能もある**のです。

いままでは、日常生活において事前に気づいてリスク回避ができた体験をするたびに、神社センサーの存在を教えてくれた神社の神様に感謝しています。そして、そんなセンサーがあることに気づいていなかった時期にいただいていたご加護にも改めて感謝しています。

虫の知らせがあった祖母の死

誰しも「虫の知らせ」という言葉を聞いたことがあると思いますが、その意味は、人の体内に棲む虫がなんらかのメッセージをキャッチしてあなたに伝えようとすることです。おもに悪いことが起きる予感につながる現象とされていて、災難から身を守るための警告の場合もあるようです。

そんな虫の知らせといえる体験をしたのは、大道芸イベントの現場管理をしているときでした。

私は幼少期、祖母が大好きで毎週末一緒の時間を過ごしていました。その祖母も八十代後半となり、老衰と足の骨折によって病院で寝たきりの状態でした。

その日、私はイベント会場で大道芸を楽しむ観客を眺めていました。すると突然、両目から涙がダラダラと流れ出てきたのです。漫画では目から滝のように涙が流れる大袈裟なシーンがありますが、まさにそんな感じです。会場にいる観客はみんな大道芸を見て笑っているので、泣くような状況ではないことは明白です。

原因がわからず、あたふたしながらハンカチで涙をぬぐうのですが、なかなか止まりません。五分くらい経ち、涙がやっとおさまった頃、携帯電話が鳴りました。それは、父からの電話連絡でした。

「おばあちゃんが、さっき亡くなったよ……」

祖母との楽しい思い出の場面とともに強烈な喪失感が湧き起こり、再び滝のような涙を流しながら、「いまから病院へ向かう」と父に伝えました。

「これは虫の知らせなのか？」と一瞬思いましたが、祖母が亡くなったことで動揺していたため、冷静に分析する余裕はありませんでした。

当時の私はスピリチュアルな体験を素直に受け入れるようなタイプではなかったので、葬儀が済んで落ち着いた頃には、「突然涙が出たのは、屋外会場に吹いていた風の中に含まれる成分によって目のアレルギー反応が出たのだろう」ということで納得することにしました。そして、記憶の片隅に封印するかのようにしまい込んで、誰にもそのことは話しませんでした。

年月を経て神社センサーという機能があることを知ったいまは、こんな分析をしています。泣き出したときは覚醒意識の中で何も感じていないにも関わらず、身体が勝手に反応する現象が起きたことになります。その現象が起きた理由は、本当に愛情を注いで私を育ててくれた祖母が、大切な孫に伝えようと発信した最後の電波を無意識下でキャッチしていたからだと思います。その電波は悲しみと愛しさと感謝という感情を電気信号として発生させて私の身体の中を流れたために、理由もわからないまま涙を流すという現象が起きたのです。その相手とのつながりが深く強く、ともに気にかけているという状況においては、緊急事態の際に虫の知らせといえるような現象が起きやすいのかもしれません。

集中治療室でのひらめきは、神様からのアドバイスだった！

私の娘は、中学二年生のときに急性脳炎に罹《かか》り、緊急入院をしました。救急搬送されてから約一週間は集中治療室で生死をさまよいました。

担当医からは毎日状況を説明してもらい、今後の治療方針について確認をするのですが、緊急入院七日目に不思議なことが起こりました。

担当医と話をしているときに、あるメッセージが降りてきたのです。聞こえたのではなく、まさに天から言葉が降ってきたという感じでした。

そのメッセージとは「脳圧を下げなさい！」でした。

私は医者ではないので治療方法が思い浮かぶはずもありません。しかも、極めてスピリチュアルな現象なので、当時の私は戸惑うばかりでした。

天からのメッセージなんて信じられないと思いながらも治療に使う薬の話になったので、念のため担当医に質問してみました。

「先生、脳圧を下げる薬はあるのですか？」

脳圧というのは頭蓋骨内部の髄液の圧力であることも知らずにメッセージの言葉のまま伝えると、担当医から驚くべき提案がありました。

「選択肢の一つとして承認されたばかりの脳圧を下げる新薬があります。ご両親の承諾があれば治療に使えますが……」

私は「すぐに使ってください！　今日にでも使ってください！」と即答しました。

「なんなんだ、これは……こんな展開ってあるのか？」と驚きながらも治療薬は決まったのです。

娘は翌日、何事もなかったかのように目を覚まし、入院していること自体に驚いて周りをキョロキョロ見回していました。とにかく助かったのです。

この体験をしたときも効果的な新薬があってラッキーだったと思いながらも、アドバイスとなる言葉が降りてきたことは受け入れがたい現象として捉えていました。

しかし、冷静に考えてみれば、単にラッキーだったというだけでは説明がつきません。娘が生死をさまよったのが、私が生死をさまよったときと同じ中学二年生というのも不思議です。娘を守っている神様と私を守っている神様が協力して、そのときだけ認識できるようにしてくれた緊急メッセージだったのではないかと、いまでは思います。当時、そのメッセージに気づけて本当に良かったと胸をなでおろしています。

このように私が封印していた過去の不思議な出来事を改めて振り返ってみると、たとえ**神社センサーの機能が目覚めていない状態でも人生の緊急時には作動することがある**ということがわかります。緊急時だけでもありがたいことですが、日常的に神社センサーの機能を活用できれば鬼に金棒ですね。

狛犬カフェ(4)
ティーブレイクコーナー

一年半枯れなかった神棚の榊

神棚は、家の中で神様を迎えるための依り代となるもの＝神籬《ひもろぎ》とされています。私の家にも神棚があり、特別にご縁をいただいた神社の御札《おふだ》を祀ってあります。

また、神棚の左右には榊を供えるのですが、早いと一か月くらい、遅くとも二か月くらいで枯れてしまいます。

ところが、全国を回って「ここだ！」と感じた神社の御札が揃った頃から、不思議なことが起きました。

戸隠神社、春日大社、諏訪大社の御札を祀ってある側の榊がいつまでも枯れないのです。なお、反対側の榊は平均的な期間で枯れてしまいます。定期的に交換しているのは水だけで特別な栄養剤などは入れていません。半年を過ぎた頃からは、茎の先端の部分が少し膨らんできて、白っぽい米粒のようなものができてきました。九か月を過ぎると、なんと根が生えてきたのです。

これには驚いて、いつも榊を買いに行く花屋のおばさんにもわざわざ報告したほどです。おばさんも「切った枝から根が生えて、そんなに長い間枯れない榊は見たことないねぇ！」と一緒に驚いてくれました。

根が生えてきた榊

そして、その榊は一年五か月を過ぎた頃から少しずつ葉が枯れてきて、最後まで葉をつけていた枝も一年半を過ぎた頃に枯れました。
その後、新たに供えた榊も戸隠神社、春日大社、諏訪大社の御札を祀ってある側だけは一年を過ぎても枯れません。
特別に強いエネルギーをもつ神様の御札は植物の生命力も高めるようです。だからこそ神社には巨木が多く、数百年経っても衰えない生命力の強さを感じるのでしょうね。

第7章

神社センサーの感度が高い人々とのご縁で学んだこと

世の中には生まれながらに特殊能力をもつ人が存在します。まさに最高感度の神社センサーを活用しているといえます。そんな特別な人とのご縁をいただいて教えてもらったことや気づいたことを皆さんと共有したいと思います。

生まれながらに神社センサーをもっている人は感謝の達人だった！

私の友人、知人の中には大きな自然災害が起きる地域が事前にわかる人、動物の気持ちを感じ取れる人、さらに神様のエネルギーを視覚的に捉え、具体的なメッセージを受け取れる人がいます。

にわかには信じ難いのですが、話を聞いた後に起こる現実と照らし合わせてみると、そのメッセージの的確さには驚かされます。

そんな能力のある人は、気づいたことがあっても公表することはなく、こちらから尋ねたときだけ教えてくれます。また、ほかの人と同じように仕事をしながら普通の生活をしていますので、「私は能力者だ！」というようなオーラは発していません。

そんな特殊能力者の一人であるAさんとは、一緒に神社を参拝することがあります。まだ行ったことがないけれども気になる神社、もしくは一度参拝してみて気づいたことを一緒に確かめてもらいたい神社へお連れします。

そして、神社の境内でどの場所のエネルギーレベルが高いか、お互いの神社センサーで確認したり、狛犬をはじめとするさまざまな従者（眷属）のキャラクターを分析したりします。

時として、神様が語りかけてくるメッセージや発しているエネルギーの特徴を教えてもらいます。

私の神社センサーのレベルではとても感知できないことがどうしてわかるのか質問してみると、今世で特別な修行や訓練をしたわけではなく、前世でやっていたことが影響している、という答えが返ってきました。前世において経験を積み、得意分野となったことで、今世でも活躍できる人や前世で達成できなかった目標に、今世でチャレンジする人もいるそうです。

Aさんは自分が特別だとは思わず、日々の生活をさらなる学びの場とし、いまここに存在できていることや周りに存在するものすべてに感謝しているそうです。

口癖のように使うのは「あること難し」という言葉。「ありがとう」の語源である「有り難い」と同じ意味です。

毎朝、目が覚めた瞬間、生きていることは「あること難し」。

窓を開けて新鮮な空気が吸えることは「あること難し」。

清潔な水が蛇口をひねっただけで飲めることは「あること難し」。

こんな感じで朝が始まり、その感謝を伝えるために毎日欠かさず神社参拝をされています。

このような日々の感謝の仕方はとても真似できないと感じますが、私もやっと神社センサーの機能に気づくことができたので、感度を上げるためのアドバイスをありがたくいただいています。

では、そんなAさんとの神社参拝で起きた興味深い出来事を紹介しましょう。

参拝者が一人もいない！　伊勢神宮での人祓い

その日はAさんと合流後、奈良の山奥にある玉置《たまき》神社を参拝しました。その後、Aさんの帰りの電車時刻まで時間的な余裕が残っていたため、三重県へ移動し、伊勢神宮の内宮も参拝することにしました。

内宮へ到着したのは午後三時頃。まだ明るい日差しの中、宇治橋の手前の鳥居に近づいた瞬間、以前参拝したときとは周りの雰囲気が違うと感じました。

少し遅めの時間とはいえ参拝者は多少なりともいるはずなのに、橋の上どころか周辺には誰もいないのです。橋を渡り、広い砂利敷きの参道を歩き出しても誰一人いません。

「何があったんだろう、不思議だね」と言いながら、手水舎を経て参道を奥へと進みます。もちろん神職の方と警備員はいましたが、参拝者は私達二人だけです。

そしていよいよ天照大御神が祀られている正宮《しょうぐう》に到着しました。石段を緊張しながら登り、御幌と呼ばれるカーテンのような布の手前の賽銭箱の前に二人で立ちました。

その瞬間、本殿の奥のほうからいきなり風が吹いて御幌が私達の方向へ舞い上がり、まさに下から九〇度上がった全開状態になったのです。

たまたま風が吹いて御幌が少し開いて奥が見えるという経験は何度かあったのですが、全開といえる角度で御幌が舞い上がるのは初めて見ました。

驚きとともに身体がビリビリと痺れ、畏れ多い気持ちが溢れました。

風が吹き続けたのは三十秒なのか一分なのか、時間も明確ではありませんが、その風は強くありながらも威圧感はなく、歓迎されているように感じたのを覚えています。

一般の参拝者が内宮を貸し切りにすることは不可能です。「人祓い」という神様のご意向が反映された現象が起きていたとしか思えません。こんな奇跡的なタイミングにその場へ行けたこともAさんと関係しているようです。

私がオロオロしている一方で、Aさんは「凄いね！」といいながら楽しんでいるようでした。しかも何かメッセージを受け取っていたようです。

どうしてそんなに落ち着いていられるのか聞いてみたところ、事前に神様に伝えたいことや質問したいことを考えて準備しておくからだそうです。

拝殿前に来たときに突然驚く現象が起きると、質問どころではなくなってしまうのが普通です。神様からの歓迎のサインがあったときは、こんなことを伝えたい、こんなことを質問してみたい、と前もって考えておくと、咄嗟に思い出すことができます。

このアドバイスをしてもらってからは、神社を参拝する前に神様へはどんな質問をするか考えておくようにしています。

あなたも神社センサーによる導きがあった神社の神様へ質問してみてください。たとえその場で返事がなくても、時間差でなんらかの間接的なメッセージとして答えが返ってくることは期待できますよ。

神様のメッセージは電子メールのように一瞬で届く

Aさんに神様との会話はどのようにしているのか質問してみました。なんとその答えは、私が狛犬と話していて感じたことと共通していたのです。短いメッセージの場合は、頭の中で声が響くように感じ取ります。少し長いメッセージの場合は、頭の中に電子メールが届き、その内容を確認するために電子メールを開いて読むという感じです。電子メールが一瞬でドンと届いたときは言語化できないのですが、不思議なことに何を伝えてきているのかは理解できています。その瞬間は言葉ではなく変換が必要なデータの状態であるにも関わらず、感覚的に主旨は伝わってくるのです。そして、そのデータを言語化するまでには少しだけ時間差が生じます。

このような会話をAさんは神社の神様ともできるようなのです。

前述したように神様と話す際のAさんからのアドバイスは、神社を参拝する前に質問したいことを考えておくことですが、さらに、その質問内容は返事がしやすいことが重要なポイントになるそうです。イエス・ノーが答えやすい具体的で簡潔な質問であることや質問したいことが正確に伝わる言葉を選ぶことで、神様や狛犬は返事がしやすくなるということですね。

また、せっかく考えた質問内容を忘れてしまわないようにメモしておくと良いそうです。

私の場合、繰り返し狛犬に質問してみたものの返事がない状態がしばらく続きました。最初は半信半疑だったので当然の結果です。それでも諦めることなく質問の仕方や言葉の選び方を試行錯誤して、やっと返事がきたのです。

あなたも神社参拝を続けていると、同じような体験をするときがきます。そのときにここで紹介したメッセージの届き方の特徴を思い出してください。そして、事前にメモしておいた質問をしてみてください。悩みがあるときや難しい選択をしなくてはならないときは、あなたとのご縁のある神社の神様や狛犬がきっとメッセージを送ってくれますよ。

定休日がない神社でも神様がお留守のときがある

神社センサーはあなたとのご縁がある特定の神社に反応するのですが、その特定の神社でつねに反応するわけではなく、そこへ行くタイミングによって反応しないこともあります。

神社に定休日はありませんが、神社の神様はなんらかの用事があってお留守のときもあるようです。そんなときは、神社センサーが反応する電波も発していません。

つまり、あなたとのご縁がある神社であっても、行くべきタイミングがあるということになります。それを実感したのは、ある神社をAさんと参拝したときでした。

神社の本殿に到着したとき、Aさんは「ここ、空っぽだね」といいました。確かに私の神社センサーもまったく反応しません。神様のエネルギーが存在しない状態だからか本殿も色褪せてぼやけたように見えます。

神無月に全国の神々が出雲大社へ集まるように、神様が神社を離れることがあってもおかしくはありません。

Aさんによると、神様がお留守のときの狛犬は、一生懸命結界を張っていて、悪いエネルギーが本殿に入ってこないように警戒しているそうです。そんなときの狛犬は、神社をお守りするという使命感からか、いつもより威圧的で険しい表情をしていると教えてくれました。

あなたも神社センサーが反応したときの合図のパターンがわかってくると、はじめて参拝した神社に神様のエネルギーがないと感じることがあると思います。また、前回参拝したときは神社センサーが反応したのに、今回はまったく反応しないということもあると思います。そんなときは、神様がお出かけになっているからだとご理解ください。

神様は日本酒と宴会が大好き！

Aさんから聞いた神様の話の中で面白かったのは、それぞれの神社に祀られている神様の個性はバラエティ豊かであり、日本酒が大好きな神様とのご縁がつながると自分も日本酒が飲みたくなるという情報です。

じつは私も諏訪神社の神様とのご縁をいただいてからは、いままで好きだったワインをあまり飲まなくなり、すっかり日本酒党になってしまいました。

まさか神様のお酒の好みの影響を受けるとは思わなかったので、驚きとともに神様にも人と同じような好みがあることに親近感を覚えて嬉しくなりました。

『古事記』の中に登場する神々もお米から作られたお酒が大好きなようで、岩戸の中に閉じこもった天照大御神を外に誘い出すために、岩戸の前で大宴会を開きました。神々は、いまならプロダンサーといえる天鈿女命《あめのうずめのみこと》が舞うのを鑑賞しながらお酒を飲み交わしたのです。

外にいる神々は、なぜあんなに楽しそうに笑って騒いでいるのかと不思議に思った天照大御神が岩戸を少し開けたところ、力持ちの天手力男命が岩戸を放り投げ、天照大御神を引っ張り出したことで世の中に光が戻りました。

この岩戸開き作戦を考えたのは戸隠神社・中社の御祭神、天八意思兼命《あめのやごころおもいかねのみこと》です。私の本業であるイベント業界でいえば大物イベントプロデューサーということになります。そのプロデュースのもとで、さまざまな神様が役割を分担して岩戸開きを成功させたのです。

このように神様の個性や得意分野、さらに嗜好までわかってくると、お会いしてみたいと感じる神様が見つかります。そんなときは、その神様が祀られている神社を調べてみてください。そして、憧れの神様に会いに行きましょう！

どんな神様なのか知ったうえで参拝するあなたを、神様も歓迎してくれることでしょう。

神様の使いはベストタイミングでキーワードを教えてくれる

私の長年の友人であるS君は、フレンチレストランのオーナーシェフです。オートバイライダーでもあり、美味しい食材を求めて旅することを楽しんでいます。彼の料理は選りすぐりの食材に愛情を込めて作っているため、美味しいだけではなく身体に必要なエネルギーがじわじわとチャージされていくことが実感できます。

そんなS君と話していると、いま自分がすべきことに気づくヒントをもらえることがあります。

たとえば「このへんの地域に参拝すべき神社があるはずなんだけどなぁ……」と悩んでいると、会話の中で「ここ、行ってみるといいですよ！」と神社の写真や大きな御神木の写真を見せてくれます。それも知られざる秘境のような場所が多いのです。探していたのはここかもしれないと感じ、その場所の情報を調べてみると、最近参拝した神社の神様とのつながりがわかり、「やはりここだ！」と納得することになります。

また、神社センサーの使い方がわかり始めてきた時期に「二十一日連続参拝するといいですよ！」と教えてくれたのも彼でした。

このように絶妙なタイミングでヒントや答えをもらえる経験をすると、S君からは神様のメッセージを間接的に教えてもらっているように感じます。いつまでも気づけないでいる私にしびれを切らした神様が「あいつに教えてやってくれ！」とS君へ指示してくれたようです。

有名な心理学者であるユングさんは、人間の意識同士が集合的無意識によって交流していると提唱しました。集合的無意識とは、すべての人間に共通する無意識の領域のことです。

神様はこの領域において役に立つメッセージを送ってくれているのではないでしょうか。そして、人と人が意識下で会話しているときに、その無意識下で受け取っていたメッセージが問題解決のヒントになる言葉として出てくるのかもしれません。

あなたも悩んでいるときに、友達とのなにげない会話からヒントや答えをもらえた経験がありませんか？　そんなヒントや答えをくれる人は、S君のように優れた感性を使う仕事をしていて、集合的無意識の領域での神様からのメッセージをキャッチしやすい体質なのかもしれません。

S君は神様から私へのメッセージだと意識して話しているわけではありません。しかし、集合的無意識の領域ではさまざまな神様と人々が情報交換をしていて、現実的な生活で役に立つヒントや答えを絶妙なタイミングでもらえるとしたら心強いですね。

カリスマは多くの人を引き寄せるご神縁をもっていた！

S君は、彼の鶴の一声で数千人という仲間が集まってくるイベントを定期的に開催しています。その内容はバイクとクルマのマニアックな部品交換会。もともとは不要品の物々交換の場として全米各地で始まった蚤の市の日本版です。出店数は、なんと三〇〇ブース以上。近隣県のみならず日本中からオートバイライダーやカーマニアが来場する部品交換会としては、日本最大級といえるイベントです。

出店者のみならず運営に関わるボランティアスタッフも彼が声をかけると自然と集まり、「このイベントを一緒に楽しもう！」という気運が生まれます。

このようなリーダーシップがあるカリスマ性は、生まれながらの気質のみならず彼をバックアップしている神様も関係しているのではないかと感じていました。

ある日、彼のお店で食事をしながら天井に近い壁際を見上げると、そこには小さな神棚のようなものがありました。とてもひっそりと祀られていたので、いままで気づかなかったのです。

そこに祀られていたのは大黒様でした。大黒様は出雲大社に祀られている大国主命《おおくにぬしのみこと》の別名でもあり、福を呼び込む縁結びの神様です。縁結びは男女間のことだけでなく、同じ志をもつ人と人、さらに人と会社組織などとの関係においても重要です。縁結びが得意な神様を彼のお店で見つけたときは「なるほど！　この神様がバックアップしていたのか」と腑に落ちました。

彼の活動は人々が明るく楽しくなり、ともに発展していくことを目的としているので、大黒様も喜んでバックアップしてくれるのだと思います。

このように人並外れた能力を発揮できている人は、そのバックに大きなご加護を与えてくれる神様がいらっしゃる可能性が高く、その神様の得意分野においては、とくに大きく飛躍していけるのです。

神系図でお役目発見！　ご神縁のある人との友神関係

Eさんは、長年イベント関連の仕事でご一緒させていただくとともに、お互い神社好きであるため、各地での神社参拝をして感じたことについて情報交換をしている大切な友人です。ご縁のある神社へ自然と導かれて参拝している方なので、神社センサーの機能は意識するまでもなく活用されているようです。

そんなEさんから家系図のようにまとめられた神々の系図をいただきました。これが優れモノで神様の親や兄弟がわかるだけでなく、日本の神話においてどの神様が同じ時期に活躍されていたかもわかります。

この神系図によるとEさんにとってご縁のある戸隠神社・中社の天八意思兼命は、私が同じく戸隠神社・宝光社でご縁をいただいた天表春命の親神様になります。

前述したとおり、天八意思兼命は「天の岩戸開き」のプロデューサーであり、イベント企画段階での画期的なアイデアのひらめきや必要な人材との巡り合わせなどのバックアップが得意な神様です。

そして、その子どもである天表春命は芸能分野を得意としているため、イベント全体をプロデュースする天八意思兼命をアシストすることができます。

Eさんと私の間にこのようなご神縁があることに気づいたのは、神社センサーが発動してからなのですが、実際にはもっと前からイベントのお手伝いをしていました。これもご神縁によって出会えるように導かれていたのだと思います。

ご神縁でつながっている人とは深い絆が結ばれ、安心して仕事ができるだけでなく、相手に貢献できる喜びもあります。

つまり、**お互いの得意分野で助け合う友人関係というのは友神関係でもある**といえるのです。

親友や仕事のパートナーにとっての産土神社、鎮守神社、もしくはたびたび参拝しているお気に入りの神社に祀られている神様を調べてみると、自分とご縁が深い神様との関係性がわかります。気が合うだけでなく性格や好みが似ているとしたら、同じ神様とのご縁があることが理由かもしれません。

そんな友神関係に気づくためにも、この本で紹介している自分とのご縁が深い神社の神様の見つけ方を教えてあげてください。

ご縁をいただいているお互いの神様が『古事記』の中の神話に登場していたり、神系図で調べると親子や兄弟だったり、面白い発見があるかもしれません。

お互いの神様の得意分野や神話ではどんな役割があったかを知った上で現実世界でも助け合っていけば、より良いパートナーシップが築けることでしょう。

狛犬カフェ(5)
ティーブレイクコーナー

神社へ根回ししてくれる神様からのメール送信

神社センサーが反応しているのは神社の神様が発している電波のようなエネルギーだとすると、神社間でも神様からのメール送信のような連絡ができるのかもしれません。

「こんな人が近々そちらに行くので、よろしく!」という感じで事前に伝えられていて、実際に参拝すると、「ああ、〇〇神社の神様から連絡がきたのは、この人のことだな」と気づいてもらえるとすれば、ご縁もいただきやすくなります。

さらに、神様が参拝予約メールを送ってくれている次の神社へ行くと、そこの神様も次の神社の参拝予約メールを送ってくれるかもしれません。

仕事や日常生活において、「あなたがこの先、助けが必要となるのはこんな分野だな！」と察知した神様が、その分野に長けている神様がいらっしゃる神社を紹介してくれるわけです。

そんな支援のために神社間でメール送信をしていただけていると思うと、神様への感謝と参拝する際の真摯な気持ちがさらに強まり、次はどこへ導かれるのだろうかとワクワクしてきます。

第8章

仕事や日常生活でも神社センサーを活用しよう！

最終章では、あなたの神社センサーが発動したのちに、どのような場面で活用できるのか、私の体験をもとにお伝えしたいと思います。なお、これはほんの一例であり、ご縁をいただいた神様は、あなたの仕事や日常生活をさまざまな方法でアシストしてくれることでしょう。

仕事をするなら、まずは神社へご挨拶！

私は大きなイベントの運営管理を担当するとき、その会場の近くの鎮守神社へ事前にご挨拶に行きます。

全国から六千人以上のよさこいの踊り子が集まり、舞いを披露する「浜松がんこ祭」というイベントを開催するときは、踊り子だけでなく観客やスタッフも多いので、無事運営できるように祈ります。

さらに、事前に察知して回避できるリスクがあれば、教え導いていただけるようにお願いします。

一方、私ができることは、イベント会場のメインステージの正面がこの神社の方角を向くように設置することです。これで、神社の神様に対してもエネルギー溢れる舞いを奉納することができます。

そして、このイベントでは、実際に神様からのアドバイスをいただいたことがありました。イベント会場には約二〇張りの飲食店用テントが設営されるのですが、強風でテントが飛ばされそうな開催日のことです。

イベント会場の地面はアスファルトであり、テントの重りを増やすことはできても、杭を打って固定することはできません。対策として通常より多い重りを各テントの柱に取りつけているのですが、それでも風圧によってテントの柱が曲がり崩れてしまうことがあります。

どうしたらいいかと自問したその瞬間、メッセージが降りてきました。

「風除けには車を使いなさい！」

「そうか！　会場内には出店者の車両がたくさんあるのだから、テントの風上のスペースに集めて停めることで風除けにしたらいい！」と気づいたのです。しかも車は大きなワンボックスタイプが多く、まさに壁のように風を避けてくれるのです。

いままで担当したイベント会場で同じような状況のときは、重りを増やしてハラハラしていただけでしたから、今回のように自問した瞬間にひらめいた方法としては、かつてないベストアイデアです。

そして、イベント終了後に再びその神社へ行き、心から感謝の気持ちを伝えました。お礼のための参拝をすることによって、一つのイベントが終わったという達成感を得られるとともに気持ちもスッキリします。

あなたも仕事上重要な取引がある場所へは少し早めに行き、その近くの鎮守神社を参拝してみるといいですよ。仕事をしている土地の神様に守られているという自己暗示のような安心感だとしても、緊張感が和らぎ商談などがスムーズに進めば儲けものだと思います。

この人怪しいかも！　会社経営でも活かせる神社センサー

あなたは直感に従うほうですか？　神社センサー発動以前の私は、直感のようなものがあったとしても時間をかけて情報を集めてから決めることが多く、素直に直感には従いませんでした。

いままでは神社センサーが直感の裏づけをしてくれるので、時間をかけずにさまざまな決定や選択をしています。

たとえば会社にかかってくる電話で感じ取る相手の声質、会話が嚙み合わず微妙にずれるリズム、電子メールに書かれている文章などに違和感があった場合、なんらかのリスクありと判断します。

過去にそう感じたまま取引をしたときにはトラブルが起こったり、請求金額の振込みが遅れたりすることが多かったのです。

いままでは、仕事上の取引で神社センサーがリスクありという反応をしたときには受注しない、もしくは受注する場合は事前振り込みを前提条件として提案しています。

このように、**神社センサーによって違和感を察知したときの対処ルールを決めておくと、さまざまなシーンでの決断がスムーズにできます。**

また、新型コロナウイルスの流行による仕事への影響のように、自分ではどうしようもない大きな問題が起きたときでも、ご縁をいただいた神様に守られているという安心感があるため、あわてふためくことはありません。あらゆる問題は、神様のご加護のもとでやがて解決に向かって動き出すと思えるようになったからです。

ますます先が見えない世の中を生き抜く上でも、神社の神様とのご縁は大切にしなくてはなりません。社会状況の大きな変化にあわせて、自分に必要な神様のご加護をいただけるように導いてくれる神社センサーは、あなたの精神的な支えにもなってくれることでしょう。

神々のエネルギーの宅配業者になろう！

参拝する神社の数は多いほどいいというわけではありません。あなたとのご縁があり、つながりを深めたい神社へ足繁く通うほうがおすすめです。

私は神社センサーが反応する神社と反応しない神社の比較のための参拝を含めて約八〇〇社を訪ねましたが、いまではとくにつながりが強いと感じる神社を定期的に参拝しています。なお、自分の状況の変化に伴って、その時期に必要なご加護をいただける神社が見つかったときは新たな神社も参拝します。

いままでの参拝を通して気づいたことは、神社間でのエネルギーの受け渡し役を人が担う場合があるということです。つまり、ご縁があった神社のエネルギーを預かり、それをいま必要とする神社へ届ける宅配業者のような働きを人がするのです。

現象としては、拝殿で手を合わせているときに、本殿からやってくる光る玉が身体の中に入ってきたことを感じ、その光る玉を必要とする神社へ行くと身体から出てきて本殿の中へ入っていくという感じです。神社センサーを使えるようになってからは、そんな体験がたびたびありました。

たとえば、自分の産土神社や鎮守神社に祀られる神様の総本社へ行き、そこにあるおおもとの神様のエネルギーを受け取ってから産土神社や鎮守神社へ行ってエネルギーを届けます。そうすることで神社の神様のエネルギーが高まるため、参拝中はとても歓迎されているように感じます。

このエネルギーの宅配は、神社の神様へ日頃の感謝を伝える意味でも人ができる大切な役割だと思います。畏れ多くも**神様と人はお互い力を与え合い、ともにパワーを増していくという関係性もあるのです。**

もう一つ、全国の神社を参拝しているときに気づいたことがあります。それは「この神社へはあの人をぜひお連れしたい！」と思い浮かぶときがあることです。その神社の神様が「あの人を連れてきて欲しい！」と伝えてきているような気がする一方で、あの人はその神社の神様のご加護をいま必要としているのではないかとも感じます。

そんなときの私は、友人や知人を神社へ案内するガイド役となります。この場合も実際に案内した神社の神様には大歓迎されているように感じます。

あなたも神社センサーの使い方に慣れてきた頃には、エネルギーの宅配業者やガイド役として貢献することで、ふだんご加護をいただいている神社の神様への御恩返しをするといいですよ。

神社の神様が最大の力を発揮できるときとは

最後に紹介しておきたいことは、神社の神様が最大限の力を発揮できるのはどんなときなのか教えていただいた体験です。

私の高齢の母はある日大ケガをして、救急隊員が駆けつけるまで呼吸が止まっていたにも関わらず一命を取り留めました。しかし、後遺症が残り寝たきりになってしまいました。

そんな母をお見舞いに行く途中、私の神社センサーが反応しました。そこは病院から歩いて五分ほどの場所にある、まさに病院にとっての鎮守神社でした。

そこで私は祈りました。「母が残された貴重な人生を悔いなく、苦しまず全《まっと》うできますように、神々の癒しの力をお与えください！」と。

その神社には龍神が祀られていました。祈り終わってから参道を歩いて帰ろうとしたとき、本殿から参道に向けてゴゴーッという音とともに力強く厳かな風が吹き抜けました。まるで龍神が現れて「願いは聞き届けた」と教えてくれたように感じました。

そして、頭の中にこんなメッセージが流れたのです。

「他人のために祈り願うことは、自分のために祈り願うことよりもずっと神様に通じやすく叶いやすい」と。

鎮守神社の神様は近くの病院にいる人々に対してご加護を与えてくれているのですが、あなたが祈る＝強い**意志をのせる**（いのる）ことで、そのご加護はさらに何倍にもなるのです。

誰かを心から助けたいと願うときは、その人がいまいる場所の近くであなたの神社センサーが反応する神社を見つけて、その人を心の中でイメージしながら祈りましょう。自分以外の人のために祈る人を神社の神様は大歓迎し、最大限の力を発揮してくれます。

神社センサーは誰もが神様から与えられている貴重なツール

現実主義者だと思い込んでいた私は、現代科学では説明がつかない数々の現象に直面し、戸惑いながらも徐々に神社には神様のエネルギーがあることを受け入れていくようになりました。

そして、神社センサーを使いながら神社参拝を続けることで、スピリチュアルな特殊能力のある人が感じ取っていることの一端を垣間見たように思います。

また、人は辛く悲しい体験をしたことで気づき、生き方や考え方を変えていくことが多いようです。しかし、ケガや病気はないほうがいいのはもちろんのこと、苦しみや悲しみもできるだけ減らしたいものです。

神社センサーは、辛く悲しい体験をなるべくしなくて済むように、よりよく生きるための気づきを事前に与え、自分を変えていく手助けをしてくれます。神社センサーは、誰もが神様から与えられている貴重なツールなのです。

あなた自身も神社センサーを持っているということに気づき、その感度を上げていくために私の体験と検証してきた情報が少しでも参考になれば、とても嬉しいです。

この本の最後に、私が神社で受け取ったありがたいメッセージをお伝えしたいと思います。

「世のため人のために貢献したいという人生目標があれば、そこに至るまでの経過においてあなたの小さな我欲は知らないうちにすべて叶っています」（私の産上神社にて）

「人は皆、その手の届く範囲だけでも人を含むあらゆる生命を助けるようにすれば、世界は輝きます」（出雲大社にて）

あなたの神社センサーが発動し、ますます素敵な生活を末永く安心して送れますように！

あなたの今後の人生が弥栄《いやさか》でありますように！

産土神社と鎮守神社のご縁でつながった神社マップ

① 神明宮（鎮守神社）

② 蒲神明宮（産土神社）

③ 戸隠神社・宝光社

④ 富士山本宮浅間大社

⑤ 富士御《お》室《むろ》浅間神社

⑥ 北口本宮富士浅間神社

⑦ 諏訪大社・上社本宮

⑧ 二俣諏訪神社

⑨ 伊勢神宮・外宮・内宮

⑩ 石上《いそのかみ》神宮

⑪ 丹生《にう》川上神社・下社・中社・上社

⑫ 椿大神社

⑬ 白鬚神社

⑭ 出雲大社・素鵞《そがのやしろ》社

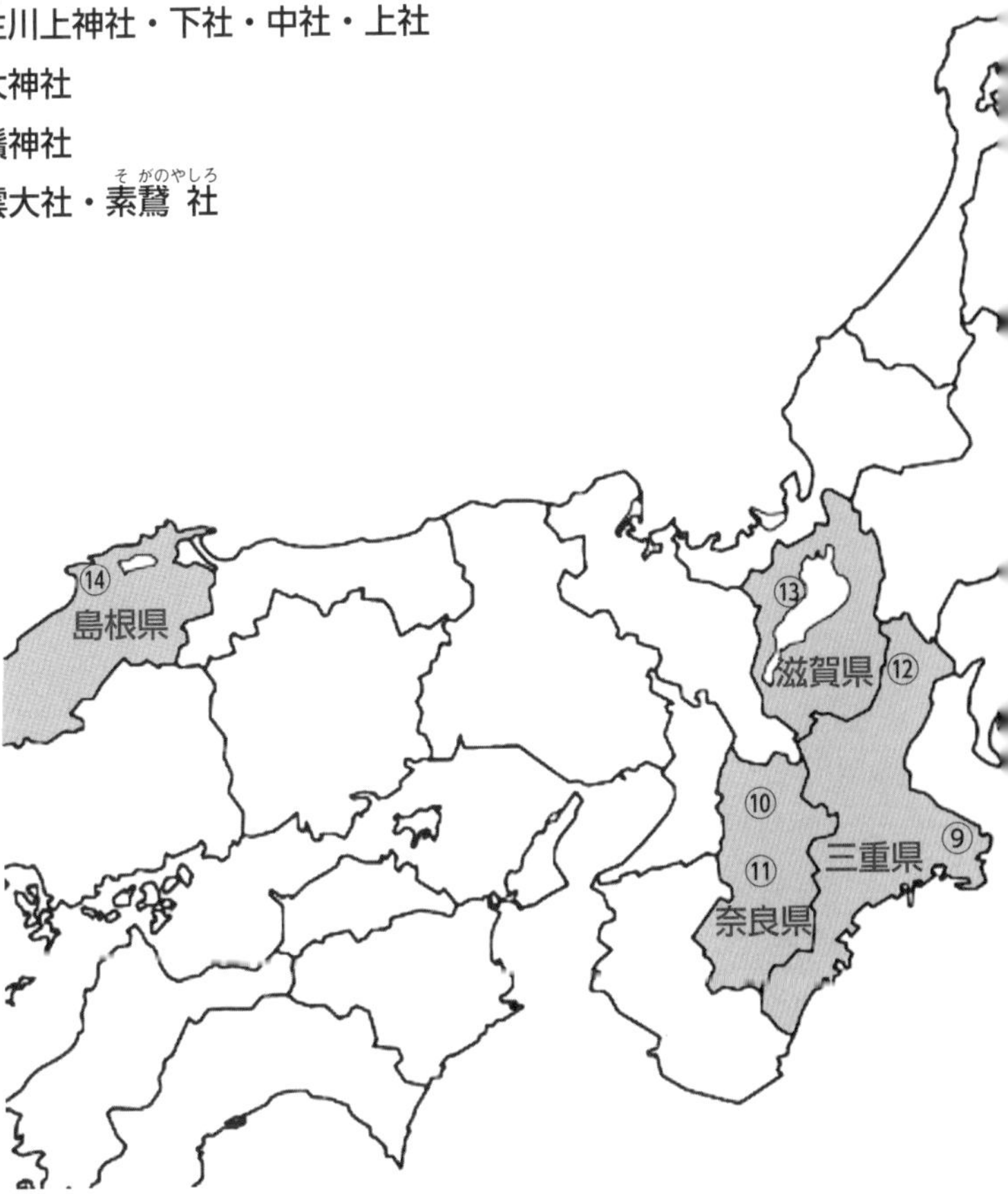

あとがき

これぞライディングハイ！　ライダーは風の中に神を感じる

車が好きな友人から、「なぜ身をさらけだしてさまざまなリスクと天候的なストレスを感じてまでバイクで走るの？」と聞かれたことがあります。

「それは乗ってみないとわからないよ！」と私は答えます。

風を受けながら走る爽快感、目の前を遮るものなく広がる景色、肌で直に感じる自然、まさにいまを生きているという命の躍動感があります。

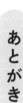

また、信号のない景色の良い道を長時間走っていると、マラソンランナーのランニングハイに近いライディングハイと呼べる状況になることがあります。そのときは、マシンであるオートバイと人が溶け合い一体となって空を飛んでいるような快感が湧きあがります。

さらに、タイヤは自分の足の裏のような皮膚感覚を持ち、路面の状況を感じ取ることができます。砂地を走ればそのサラサラした感触を抱き、大小さまざまな石がゴロゴロ散乱しているオフロードでは石の硬さを感じ、雨で濡れたアスファルトの路面では薄い水幕のぬめりを感じます。

オートバイと一体になり風の中を走り抜けていくとき、私はこう感じます。

風は太陽と月と海と山の力で生み出され、天と地の氣が溢れている。風は神々のエネルギーに満ちた息吹なのだと。

さあ、あなたも神々のエネルギーに満ちた風の中、神社センサーが導いてくれる神社探求の旅へ出かけましょう！

私の旅もまだまだ続きます。もしかしたら、どこかの神社で神社センサーに導かれて参拝しているあなたと出会うことがあるかもしれません。オートバイが近くに停めてあったら声をかけてみてください。

「あなたは神社ライダーですか？」と。

謝辞

この本に登場してくれた三名の大切な友人へは心からの謝意を表します。

また、この本を執筆し出版できたのは、Ｊディスカヴァーの城村さん、みらいパブリッシング編集担当の花里さんをはじめとする優秀なスタッフのみなさんからのアドバイスとアシストのお陰です。心より感謝申し上げます。

そして、産土神社、鎮守神社の神様をはじめ、ご縁をいただいた多くの神々のご加護があってこそ、この本を世に出すことができました。神々へも心より御礼申し上げます。

神社ライダー　髙林広明

プロフィール

神社ライダー
髙林広明（たかばやし ひろあき）

静岡県浜松市出身。イベント企画制作会社（有）テイクワンプロデュース代表取締役、イベントプロデューサー。

大学卒業後、ファッションメーカーの宣伝部に入るものの、会社員は向いていないと感じ、2年半でやめて独立。商業コンサルタントとして大型商業施設の集客イベントを手がけるうちに約300名の大道芸人と知り合えたことで、全国のイベント会場へ大道芸人を派遣する会社を設立。

ある日、神社が発しているエネルギーを感じてしまうという体験を経て、導かれるようにご縁をいただいた約800社の神社をオートバイで参拝することになる。

その不可思議な体験の原因を探求するうちに神社にどっぷりはまり、そこに祀られる神様のご加護を授かる方法を確立する。

「神社センサー」と名づけた感知機能を会社経営にも積極的に活かすことでさまざまなリスクを回避し、良縁にも恵まれている。

神社の神様とのご縁の結び方とそのご加護を活用する方法の追求を人生の使命とし、現在もオートバイでの神社参拝を継続中。

愛車はトライアンフ・ボンネビルT100とヤマハ・セロー225。

愛猫家でもある。

＜ブログ＞
◎神社の神様の風に乗ろう!「神社ライダー」日記
https://ameblo.jp/jinjarider

参考文献

『新訂　古事記』武田祐吉＝訳注、中村啓信＝補訂・解説（ＫＡＤＯＫＡＷＡ）
『「超常現象」を本気で科学する』石川幹人（新潮社）
『成功している人は、なぜ神社へ行くのか？』八木龍平（サンマーク出版）
『成功している人は、どこの神社へ行くのか？』八木龍平（サンマーク出版）
『「あなた担当の神様」のみつけかた』真壁辰郎（飛鳥新社）
『「神様アンテナ」を磨く方法』桜井識子（ＫＡＤＯＫＡＷＡ）
『「龍使い」になれる本』大杉日香理（サンマーク出版）
『龍神の力をいただく「神旅」のはじめ方』大杉日香理（ＫＡＤＯＫＡＷＡ）
『不思議と自分のまわりにいいことが次々に起こる　神社ノート』羽賀ヒカル（ＳＢクリエイティブ）

ライダーが見《み》つけた！
幸《しあわ》せの最強《さいきょう》ツール
神社《じんじゃ》センサー

2021年6月25日　初版第1刷

著　者／髙林広明
発行人／松崎義行
発　行／みらいパブリッシング
〒166-0003 東京都杉並区高円寺南 4-26-12 福丸ビル 6F
TEL 03-5913-8611　FAX 03-5913-8011
http://miraipub.jp　E-mail: info@miraipub.jp
企画協力／Ｊディスカヴァー
表紙絵／高木京子　鳥居絵龍体文字／藤井枝実
本文イラスト／髙林海香
著者プロフィール写真撮影／大関正行
編　集／花里京子
ブックデザイン／池田麻理子
発　売／星雲社（共同出版社・流通責任出版社）
〒112-0005 東京都文京区水道 1-3-30
TEL 03-3868-3275 FAX 03-3868-6588
印刷・製本／株式会社上野印刷所

ISBN978-4-434-29064-0 C0014